Heike Pahlow

Englische Grammatik

einfach, kompakt und übersichtlich

Auf der Webseite zum Buch finden Sie
interaktive Übungen zu allen Grammatikthemen.

www.englische-grammatik.info

Weitere Angebote zum Sprachenlernen finden Sie auf unserer Webseite

www.lingolia.com

Englische Grammatik – einfach, kompakt und übersichtlich

Bibliografische Information der Deutschen Nationalbibliothek

Die Deutsche Nationalbibliothek verzeichnet diese Publikation in der Deutschen Nationalbibliografie; detaillierte bibliografische Daten sind im Internet über dnb.dnb.de abrufbar.

Copyright © 2013 Engelsdorfer Verlag Leipzig

Alle Rechte bei Lingo4you GbR; Heike Pahlow, Mario Müller

ISBN: 978-3-95488-539-8

Autor:	Heike Pahlow	
Fachliches Lektorat:	Anna Ward	
	Thalia Cooke Slocombe	
Gestaltung:	Mario Müller	www.lingolia.com
	Lorraine Garchery	
Lektorat:	Tina Hinterthür	www.individuwort.de
Illustrationen:	Stefanie Czapla	creature-feature.com
Titelfoto:	marilyn barbone	Fotolia.com

www.engelsdorfer-verlag.de

INHALT

1 Verben

Vorwort

Dieses Buch richtet sich in erster Linie an deutschsprachige Schüler und Erwachsene, die Vorkenntnisse in Englisch haben und ein Nachschlagewerk suchen, das schnelle Hilfe bei grammatischen Fragen bietet.

Die Grammatik ist kurz und unkompliziert erklärt, ohne jedoch wichtige Details auszulassen. Dank der klaren Erläuterungen und illustrierten Beispielsätze prägen sich die Regeln leicht ein. Hinweise auf Unterschiede bzw. Ähnlichkeiten zwischen der deutschen und englischen Grammatik tragen ihrerseits zum besseren Verständnis bei. Die Erläuterungen beziehen sich hauptsächlich auf britisches Englisch, auf Abweichungen im amerikanischen Englisch wird an entsprechenden Stellen hingewiesen.

Englische Bezeichnungen, für die es im Deutschen keine exakte Entsprechung gibt, sind in diesem Buch mit ihrem englischen Fachausdruck wiedergegeben, so zum Beispiel die Namen der englischen Zeitformen. Da aber auch im Englischunterricht meist die englischen Bezeichnungen verwendet werden, sollte dies Englischlernenden mit Vorkenntnissen keine Probleme bereiten. Alle hier vorkommenden Fachwörter sind auch im Glossar am Ende des Buches erklärt und mit Beispielen versehen, sodass ihre Bedeutung schnell erschlossen werden kann.

Für einige Grammatikthemen sind je nach Region und Lehrbuch unterschiedliche Bezeichnungen üblich. Die geläufigsten Benennungen sind in der Einleitung zu jedem Thema aufgelistet. Im Zweifelsfall hilft ein Blick ins Glossar oder Stichwortverzeichnis. Dort sind alle hier verwendeten Fachausdrücke enthalten und gegebenenfalls mit einem Verweis auf die in diesem Buch bevorzugte Bezeichnung versehen.

Für alle, die nicht nur theoretisches Wissen nachschlagen wollen, sondern das Gelernte auch durch Üben festigen möchten, gibt es auf der Webseite zum Buch interaktive Übungen mit etwa 15 Beispielsätzen pro Thema.

Leipzig, November 2013
Heike Pahlow

ZEITFORMEN

SIMPLE PRESENT

(GEGENWART)

Das *Simple Present* (auch: *Present Simple*, *Present Tense*) entspricht in etwa dem deutschen Präsens, unterscheidet sich aber in der Verwendung.

> ✐ **BEISPIEL**
>
> Colin <u>likes</u> football. He <u>is</u> a forward. A forward <u>tries</u> to score goals for his team.
>
> Colin <u>plays</u> football every Tuesday. His training <u>starts</u> at five o'clock. After school Colin <u>goes</u> home, <u>packs</u> his bag, <u>puts</u> on his football shirt and then he <u>goes</u> to football training. He <u>has</u> to take the bus. The bus <u>leaves</u> at half past four.

VERWENDUNG

» regelmäßig oder gewohnheitsmäßig ablaufende Handlungen (immer, nie, selten, oft)

Beispiel: Colin <u>plays</u> football every Tuesday.

» aufeinanderfolgende Handlungen

Beispiel: After school Colin <u>goes</u> home, <u>packs</u> his bag, <u>puts</u> on his football shirt and then he <u>goes</u> to football training.

» etwas ist allgemeingültig

Beispiel: A forward <u>tries</u> to score goals for his team.

» zukünftige, festgelegte und feststehende Handlungen (z. B. laut Fahrplan, Programm)

Beispiel: The bus <u>leaves</u> at half past four.
His training <u>starts</u> at five o'clock.

» Verben statischer Bedeutung (Zustand) und Verben des Denkens und Erkennens (siehe Verben ohne Verlaufsform, Seite 33)

Beispiel: Colin <u>likes</u> football.
He <u>is</u> a forward.

BILDUNG

In positiven Sätzen verwenden wir das Verb in der Grundform, nur in der 3. Person Singular müssen wir *s* anhängen. In negativen Sätzen und Fragen benötigen wir meist das Hilfsverb *do* (bzw. *does* in der 3. Person Singular). Das eigentliche Verb bleibt dann in der Grundform.
(Kurzformen siehe Seite 31)

	Positiv	Negativ	Frage
l/you/we/they	I speak	I <u>do</u> not speak	<u>Do</u> I speak?
he/she/it	he speak<u>s</u>	he <u>does</u> not speak	<u>Does</u> he speak?

BESONDERHEITEN

siehe Besonderheiten 3. Person Singular, Seite 32

DAS VERB *BE*

Das Verb *be* ist in allen Formen unregelmäßig. In negativen Sätzen und Fragen verwenden wir kein Hilfsverb.

	Positiv	Negativ	Frage
I	I am	I am not	Am I?
he/she/it	he is	he is not	Is he?
you/we/they	you are	you are not	Are you?

DAS VERB *HAVE*

Bei *have* haben wir zwei Möglichkeiten der Bildung: *have* und *have got*. Die Wendung *have got* drückt im britischen Englisch Besitz/Zugehörigkeit aus. Im amerikanischen Englisch ist diese Form nicht üblich.

	Positiv	Negativ	Frage
l/you/we/they	I have (got)	I do not have/I have not got	Do I have?/Have I got?
he/she/it	he has (got)	he does not have/ he has not got	Does he have?/ Has he got?

SIGNALWÖRTER

» always, normally, usually
» often, sometimes, rarely
» never
» every day/week/month/…

Present Progressive

(VERLAUFSFORM DER GEGENWART)

Das *Present Progressive* (auch: *Present Continuous*) ist die Verlaufsform der Gegenwart. Mit ihr drücken wir im Englischen vor allem Handlungen aus, die im Moment des Sprechens ablaufen bzw. nur vorübergehend stattfinden.

 BEISPIEL

James <u>is travelling</u> around Australia. He <u>is staying</u> at a youth hostel in a little Australian town. The town <u>is becoming</u> more and more popular because of its beautiful beaches.

James <u>is meeting</u> his friend Brad in town tonight. Brad <u>is working</u> there as a tour guide over the summer.

James is in the town centre now. Look! He <u>is taking</u> a picture of another tourist.

VERWENDUNG

» Handlungen, die im Moment des Sprechens (jetzt) ablaufen
   Beispiel: Look! He <u>is taking</u> a picture of another tourist.

» feste Pläne oder Verabredungen, die für die nahe Zukunft gemacht wurden
   Beispiel: He <u>is meeting</u> his friend Brad tonight.

» Handlungen, die nur vorübergehend stattfinden
   Beispiel: James <u>is travelling</u> around Australia.
                 Brad <u>is working</u> there as a tour guide over the summer.

» Handlungen, die zurzeit ablaufen, aber nicht genau in diesem Moment
   Beispiel: He <u>is staying</u> at a youth hostel.

» Situationen, die sich ändern
   Beispiel: The town <u>is becoming</u> more and more popular because of its beautiful beaches.

BILDUNG

Wir verwenden das Hilfsverb *be* und das Verb in der *ing*-Form.
(Kurzformen siehe Seite 31)

	Positiv	Negativ	Frage
I	I <u>am</u> speak<u>ing</u>	I <u>am</u> not speak<u>ing</u>	<u>Am</u> I speak<u>ing</u>?
he/she/it	he <u>is</u> speak<u>ing</u>	he <u>is</u> not speak<u>ing</u>	<u>Is</u> he speak<u>ing</u>?
you/we/they	you <u>are</u> speak<u>ing</u>	you <u>are</u> not speak<u>ing</u>	<u>Are</u> you speak<u>ing</u>?

BESONDERHEITEN

siehe Besonderheiten beim Anhängen von *ing*, Seite 32

VERBEN OHNE VERLAUFSFORM

Einige Verben verwenden wir normalerweise nicht in der Verlaufsform, sondern in der *Simple*-Form (siehe Seite 33).

SIGNALWÖRTER

» at the moment
» now, just now, right now
» Listen!
» Look!

SIMPLE PAST

(VERGANGENHEIT)

Mit dem *Simple Past* (auch: *Past Simple, Past Tense*) drücken wir Handlungen in der Vergangenheit aus, die einmalig oder wiederholt stattfanden, nacheinander abliefen oder eine laufende Handlung unterbrachen.

 BEISPIEL

Last month a girl from China <u>joined</u> our class. She <u>came</u> in, <u>introduced</u> herself, and <u>began</u> to talk about her country. She <u>showed</u> us where she <u>was</u> from on a map. While she was talking about her home town, the school bell suddenly <u>rang</u>.

If I <u>spoke</u> Chinese, I would go on holiday to China.

VERWENDUNG

» einmalige/wiederholte Handlung in der Vergangenheit
  Beispiel: Last month a girl from China <u>joined</u> our class.
        She <u>showed</u> us where she was from on a map.

» aufeinanderfolgende Handlungen in der Vergangenheit
  Beispiel: She <u>came</u> in, <u>introduced</u> herself, and <u>began</u> to talk about her country.

» neu eintretende Handlung, die eine im Ablauf befindliche Handlung unterbricht
  Beispiel: While she was talking about her home town, the school bell suddenly <u>rang</u>.

» *If*-Satz Typ ll
  Beispiel: If I <u>spoke</u> Chinese, I would go on holiday to China.

BILDUNG

Die Bildung im *Simple Past* ist für alle Formen gleich. Wir unterscheiden nur zwischen regelmäßigen und unregelmäßigen Verben.
(Kurzformen siehe Seite 31)

	Positiv	Negativ*	Frage*
regelmäßiges Verb	I play<u>ed</u>	I <u>did</u> not play	<u>Did</u> I play?
unregelmäßiges Verb	I <u>spoke</u>	I <u>did</u> not speak	<u>Did</u> I speak?

*In negativen Sätzen und Fragen bleibt das Verb in der Grundform, nur das Hilfsverb *do* steht in der Vergangenheit (= *did*).

BESONDERHEITEN

siehe Besonderheiten beim Anhängen von *ed*, Seite 33

DAS VERB *BE*

	Positiv	Negativ	Frage
I/he/she/it	I was	I was not	Was I?
you/we/they	you were	you were not	Were you?

SIGNALWÖRTER

» yesterday, two minutes ago, in 1990, the other day, last Friday
» *If*-Satz Typ II (*If I spoke, ...*)

PAST PROGRESSIVE

(VERLAUFSFORM DER VERGANGENHEIT)

Mit dem *Past Progressive* (auch: *Past Continuous*) betonen wir den Ablauf einer Handlung in der Vergangenheit.

 BEISPIEL

Lucy <u>was sitting</u> on the beach at six o'clock yesterday.

Her friend Laurence doesn't like being lazy. So while Lucy <u>was relaxing</u> on the beach, he <u>was sailing</u>.

Lucy <u>was watching</u> the sunset when Laurence passed by on his boat.

VERWENDUNG

» zu einem Zeitpunkt in der Vergangenheit gerade ablaufende Handlung
  Beispiel: Lucy <u>was sitting</u> on the beach at six o'clock yesterday.

» gleichzeitig ablaufende Handlungen
  Beispiel: While Lucy <u>was relaxing</u> on the beach, Laurence <u>was sailing</u>.

» eine im Ablauf befindliche Handlung, die durch eine neue Handlung unterbrochen wird
  Beispiel: Lucy <u>was watching</u> the sunset when Laurence passed by on his boat.

BILDUNG

Wir brauchen die Vergangenheitsform von *be* und das Verb in der *ing*-Form.
(Kurzformen siehe Seite 31)

	Positiv	Negativ	Frage
I/he/she/it	I <u>was</u> speak<u>ing</u>	I <u>was</u> not speak<u>ing</u>	<u>Was</u> I speak<u>ing</u>?
you/we/they	you <u>were</u> speaking	you <u>were</u> not speak<u>ing</u>	<u>Were</u> you speak<u>ing</u>?

BESONDERHEITEN

siehe Besonderheiten beim Anhängen von *ing*, Seite 32

VERBEN OHNE VERLAUFSFORM

Einige Verben verwenden wir normalerweise nicht in der Verlaufsform, sondern in der *Simple*-Form (siehe Seite 33).

SIGNALWÖRTER

» while, as long as

PRESENT PERFECT SIMPLE

(PERFEKT)

Das *Present Perfect Simple* drückt aus, dass eine abgeschlossene Handlung noch Einfluss auf die Gegenwart hat. Die Anwendung der Zeitform unterscheidet sich im Englischen vom Deutschen.

✎ BEISPIEL

James loves football and plays very well. He <u>has bought</u> new trainers and now he plays even better than before.

James is the team captain because he <u>has never lost</u> a match.

It looks like his team will win this match as well. James <u>has</u> just <u>scored</u> a goal and the referee <u>has</u> not <u>blown</u> the final whistle yet. The other team <u>has not scored</u> a goal so far.

VERWENDUNG

» eben abgeschlossene Handlung

Beispiel: He <u>has</u> just <u>scored</u> a goal.

» abgeschlossene Handlung mit Einfluss auf die Gegenwart

Beispiel: He <u>has bought</u> new trainers and now he plays even better than before.

» bis zum Zeitpunkt des Sprechens nie, einmal oder mehrmals stattgefundene Handlung

Beispiel: He <u>has</u> never <u>lost</u> a match.
The referee <u>has</u> not <u>blown</u> the final whistle yet.
The other team <u>has not scored</u> a goal so far.

BILDUNG

Wir brauchen das Hilfsverb *have* und das Verb im *Past Participle*.
(Kurzformen siehe Seite 31)

	Positiv	Negativ	Frage
I/you/we/they	I <u>have</u> play<u>ed</u>/ <u>spoken</u>	I <u>have</u> not play<u>ed</u>/ <u>spoken</u>	<u>Have</u> I play<u>ed</u>/ <u>spoken</u>?
he/she/it	he <u>has</u> play<u>ed</u>/ <u>spoken</u>	he <u>has</u> not play<u>ed</u>/ <u>spoken</u>	<u>Has</u> he play<u>ed</u>/ <u>spoken</u>?

PAST PARTICIPLE

Das *Past Participle* bilden wir bei regelmäßigen Verben durch Anhängen von *ed*. Bei unregelmäßigen Verben verwenden wir die 3. Verbform (siehe Liste unregelmäßige Verben, Seite 146, 3. Spalte).

BESONDERHEITEN

siehe Besonderheiten beim Anhängen von *ed,* Seite 33

SIGNALWÖRTER

» already, just, not yet
» ever, never
» so far, till now, up to now

und Seite 42-43

PRESENT PERFECT PROGRESSIVE

(VERLAUFSFORM DES PERFEKTS)

Mit dem *Present Perfect Progressive* (auch: *Present Perfect Continuous*) drücken wir aus, dass eine Handlung bis in die Gegenwart dauert bzw. bis kurz davor dauerte und noch Einfluss auf die Gegenwart hat. Dabei steht der Ablauf bzw. die Dauer der Handlung im Vordergrund.

 BEISPIEL

Aaron <u>has been repairing</u> cars since he was sixteen years old. He always wanted to be a mechanic.

He <u>has been working</u> in this garage for ten years.

As Aaron <u>has been changing</u> tyres all morning, his clothes are dirty now.

VERWENDUNG

» betont die Handlung an sich bzw. die Dauer der Handlung (nicht das Ergebnis)

Beispiel: Aaron <u>has been repairing</u> cars since he was sixteen years old.

» Handlung von der Vergangenheit bis jetzt und evtl. darüber hinaus (*Wie lange schon?*)

Beispiel: He <u>has been working</u> in this garage for ten years.

» (abgeschlossene) Handlung, die Einfluss auf die Gegenwart hat

Beispiel: As Aaron <u>has been changing</u> tyres all morning, his clothes are dirty now.

   ✎ Durch die Arbeit (die beendet sein kann) sind seine Sachen jetzt schmutzig.

BILDUNG

Wir brauchen *have/has been* und das Verb in der *ing*-Form.
(Kurzformen siehe Seite 31)

	Positiv	Negativ	Frage
I/you/we/they	I <u>have</u> <u>been</u> speak<u>ing</u>	I <u>have</u> not <u>been</u> speak<u>ing</u>	<u>Have</u> I <u>been</u> speak<u>ing</u>?
he/she/it	he <u>has</u> <u>been</u> speak<u>ing</u>	he <u>has</u> not <u>been</u> speak<u>ing</u>	<u>Has</u> he <u>been</u> speak<u>ing</u>?

BESONDERHEITEN

siehe Besonderheiten beim Anhängen von *ing*, Seite 32

VERBEN OHNE VERLAUFSFORM

Einige Verben verwenden wir normalerweise nicht in der Verlaufsform, sondern in der *Simple*-Form (siehe Seite 33).

SIGNALWÖRTER

» all day, the whole week
» for 4 years, since 1993, how long?

Past Perfect Simple

(PLUSQUAMPERFEKT)

Das *Past Perfect Simple* entspricht dem deutschen Plusquamperfekt (Vorvergangenheit). Wir verwenden es für Handlungen, die vor einem bestimmten Zeitpunkt in der Vergangenheit stattfanden.

 Beispiel

Little Miss Muffet sat on her tuffet after she <u>had made</u> herself some porridge.

She <u>had</u> not <u>eaten</u> much of her porridge when a spider frightened her away.

If the spider <u>had</u> not <u>frightened</u> her, she would have finished her porridge sitting on her tuffet.

Verwendung

» Handlung vor einem Zeitpunkt der Vergangenheit
(betont nur die Tatsache, dass etwas vor einem Zeitpunkt in der Vergangenheit stattfand)

Beispiel: Little Miss Muffet sat on her tuffet after she <u>had made</u> herself some porridge.
She <u>had</u> not <u>eaten</u> much of her porridge when a spider frightened her away.

» *If*-Satz Typ lll (Bedingung, die in der Vergangenheit nicht eingetreten ist)

Beispiel: If the spider <u>had</u> not <u>frightened</u> her, she would have finished her porridge sitting on her tuffet.

BILDUNG

Wir brauchen *had* und das *Past Participle* des Verbs.
(Kurzformen siehe Seite 31)

	Positiv	Negativ	Frage
alle Formen gleich	I <u>had</u> play<u>ed</u>/<u>spoken</u>	I <u>had</u> not play<u>ed</u>/<u>spoken</u>	<u>Had</u> I play<u>ed</u>/<u>spoken</u>?

PAST PARTICIPLE

Bei regelmäßigen Verben hängen wir einfach *ed* an. Bei unregelmäßigen Verben verwenden wir die 3. Verbform (siehe Liste unregelmäßige Verben, Seite 146, 3. Spalte).

BESONDERHEITEN

siehe Besonderheiten beim Anhängen von *ed,* Seite 33

SIGNALWÖRTER

» already, just
» never, not yet
» once, until that day
» *If*-Satz Typ III (*If I had talked, …*)

BEACHTE

Die Signalwörter für das *Past Perfect* entsprechen teilweise denen für das *Present Perfect*. Der Unterschied ist aber, dass sich die Signalwörter für das *Past Perfect* auf die Vergangenheit beziehen und nicht auf die Gegenwart.

PAST PERFECT PROGRESSIVE

(VERLAUFSFORM DES PLUSQUAMPERFEKTS)

Mit dem *Past Perfect Progressive* betonen wir die Dauer einer Handlung, die vor einem Zeitpunkt in der Vergangenheit stattfand.

 BEISPIEL

At the talent contest Louise played a difficult piece perfectly on the flute.

She <u>had been practising</u> for a very long time in order to play the piece so well.

VERWENDUNG

» Handlung vor einem Zeitpunkt der Vergangenheit, wobei die Handlung selbst oder die Dauer der Handlung betont wird

Beispiel: She <u>had been practising</u> for a very long time in order to play the piece so well.

INFO

Normalerweise können wir anstelle des *Past Perfect Progressive* auch einfach *Past Perfect Simple* verwenden, ohne dass sich der Sinn ändert.

Beispiel: She <u>had practised</u> for a very long time in order to play the piece so well.

BILDUNG

Wir brauchen *had been* und das Verb in der *ing*-Form.
(Kurzformen siehe Seite 31)

	Positiv	Negativ	Frage
alle Formen gleich	I <u>had been</u> speak<u>ing</u>	I <u>had</u> not <u>been</u> speak<u>ing</u>	<u>Had</u> I <u>been</u> speak<u>ing</u>?

BESONDERHEITEN

siehe Besonderheiten beim Anhängen von *ing,* Seite 32

VERBEN OHNE VERLAUFSFORM

Einige Verben verwenden wir normalerweise nicht in der Verlaufsform, sondern in der *Simple*-Form (siehe Seite 33).

SIGNALWÖRTER

» for ..., since ...
» the whole day, all day

BEACHTE

Die Signalwörter für das *Past Perfect Progressive* entsprechen denen für das *Present Perfect Progressive*. Der Unterschied ist, dass sich die Signalwörter für das *Past Perfect Progressive* auf die Vergangenheit beziehen und nicht auf die Gegenwart.

FUTURE I SIMPLE (WILL)

(FUTUR I MIT WILL)

Future I mit *will* drückt im Englischen einen spontanen Entschluss, eine Vermutung oder ein nicht beeinflussbares Geschehen in der Zukunft aus.

✎ **BEISPIEL**

» Oh, what a mess in here! Come on, I'<u>ll help</u> you sort the files.
» It's okay, I'<u>ll do</u> it tomorrow. It'<u>ll rain</u> tomorrow anyway.
» You <u>won't finish</u> it in just one day.
» If I need help, I'<u>ll tell</u> you.

VERWENDUNG

» spontaner Entschluss
  Beispiel: Come on, I <u>will help</u> you sort the files.

» Meinung, Hoffnung, Unsicherheit bzw. Vermutung hinsichtlich der Zukunft
  Beispiel: You <u>will not finish</u> it in just one day.

» Versprechen
  Beispiel: I <u>will do</u> it tomorrow.

» nicht beeinflussbares Geschehen in der Zukunft
  Beispiel: It <u>will rain</u> tomorrow anyway.

» *If*-Satz Typ I (Bedingung, die eventuell eintreten könnte)
  Beispiel: If I need help, I <u>will tell</u> you.

BILDUNG

Wir brauchen das Hilfsverb *will* und das Verb in der Grundform.
(Kurzformen siehe Seite 31)

	Positiv	Negativ	Frage
alle Formen gleich	I <u>will</u> speak	I <u>will</u> not speak	<u>Will</u> I speak?

SIGNALWÖRTER

» Vermutung: I think, probably, perhaps

FUTURE 1 SIMPLE (GOING TO)

(FUTUR 1 MIT GOING TO)

Future 1 mit *going to* verwenden wir im Englischen hauptsächlich für bereits vorbereitete bzw. geplante Handlungen in der Zukunft.

✏ **BEISPIEL**

Mrs Lucky <u>is going to meet</u> a friend in town.

She has just looked out of the window. The sky is blue – it <u>is</u> not <u>going to rain</u>. So Mrs Lucky can leave her umbrella at home.

VERWENDUNG

» bereits vorbereitete oder geplante Handlung in der Zukunft
  Beispiel: Mrs Lucky <u>is going to meet</u> a friend in town.

» logische Schlussfolgerung hinsichtlich der Zukunft
  Beispiel: The sky is blue – it <u>is</u> not <u>going to rain</u>.

BILDUNG

Wir brauchen *be* + *going to* und das Verb in der Grundform.
(Kurzformen siehe Seite 31)

	Positiv	Negativ	Frage
I	I <u>am going to</u> speak	I <u>am</u> not <u>going to</u> speak	<u>Am</u> I <u>going to</u> speak?
you/we/they	you <u>are going to</u> speak	you <u>are</u> not <u>going to</u> speak	<u>Are</u> you <u>going to</u> speak?
he/she/it	he <u>is going to</u> speak	he <u>is</u> not <u>going to</u> speak	<u>Is</u> he <u>going to</u> speak?

SIGNALWÖRTER

» in one year, next week, tomorrow

FUTURE 1 PROGRESSIVE

(*VERLAUFSFORM DER ZUKUNFT*)

Mit dem *Future 1 Progressive* drücken wir den Ablauf einer Handlung in der Zukunft aus.

 BEISPIEL

Mrs Nelson is getting ready for her bingo night. She goes there every Wednesday.

In an hour she <u>will be sitting</u> at her table with her friends. They <u>will be talking</u>. They <u>will be playing</u> bingo. And she <u>will be seeing</u> Charles, a good-looking pensioner she met there last week.

VERWENDUNG

» betont den Ablauf einer Handlung zu einem Zeitpunkt in der Zukunft
Beispiel: In an hour she <u>will be sitting</u> at her table with her friends. They <u>will be talking</u>. They <u>will be playing</u> bingo.

» Handlung, die ganz sicher stattfinden wird
Beispiel: And she <u>will be seeing</u> Charles, a good-looking pensioner she met there last week.

BILDUNG

Wir brauchen *will be* und das Verb in der *ing*-Form.
(Kurzformen siehe Seite 31)

	Positiv	Negativ	Frage
alle Formen gleich	I <u>will be</u> speak<u>ing</u>	I <u>will</u> not <u>be</u> speaking	<u>Will</u> I <u>be</u> speak<u>ing</u>?

BESONDERHEITEN

siehe Besonderheiten beim Anhängen von *ing,* Seite 32

SIGNALWÖRTER

» at 4 o'clock tomorrow
» this time next week

FUTURE II SIMPLE

(VOLLENDETE ZUKUNFT)

Future II Simple entspricht dem deutschen Futur II. Wir drücken damit eine Vermutung aus oder, dass eine Handlung zu einem Zeitpunkt in der Zukunft abgeschlossen sein wird.

✏ BEISPIEL

» Why's Matthew taking his bicycle apart?
» He'll probably <u>have noticed</u> that his bike is broken.
» Oh no, we want to go on a bike ride in an hour.
» Don't worry, he'<u>ll have repaired</u> the bike by then.

VERWENDUNG

» Handlung, die zu einem zukünftigen Zeitpunkt abgeschlossen sein wird
  Beispiel: Don't worry, he <u>will have repaired</u> the bike by then.

» Vermutung darüber, was passiert ist
  Beispiel: He <u>will</u> probably <u>have noticed</u> that his bike is broken.

BILDUNG

Wir brauchen *will have* und das *Past Participle* des Verbs.
(Kurzformen siehe Seite 31)

	Positiv	Negativ	Frage
alle Formen gleich	I <u>will</u> have play<u>ed</u>/ <u>spoken</u>	I <u>will</u> not <u>have</u> play<u>ed</u>/ <u>spoken</u>	<u>Will</u> I <u>have</u> play<u>ed</u>/ <u>spoken</u>?

PAST PARTICIPLE

Das *Past Participle* bilden wir bei regelmäßigen Verben durch Anhängen von *ed* (Besonderheiten beim Anhängen von *ed*, siehe Seite 33). Bei unregelmäßigen Verben verwenden wir die 3. Verbform (siehe Liste der unregelmäßigen Verben, ab Seite 146, 3. Spalte).

SIGNALWÖRTER

» by Monday, in a week
» probably

Future II Progressive

(VERLAUFSFORM DER VOLLENDETEN ZUKUNFT)

Mit dem *Future II Progressive* betonen wir den Ablauf einer Handlung bis zu einem bestimmten Zeitpunkt in der Zukunft. Wir verwenden die Zeitform auch für Vermutungen, was wohl bis zu einem bestimmten Zeitpunkt passiert sein wird.

Das *Future II Progressive* wird allerdings nur selten verwendet, weil es in den meisten Fällen durch das einfache *Future II* ersetzbar ist.

 Beispiel

You're not paying attention anymore, you've gone through the stop sign! In ten minutes you'<u>ll have been driving</u> non-stop for six hours. Let's stop somewhere and have a break!

Verwendung

» betont die Dauer der Handlung, die von der Vergangenheit bis zu einem Zeitpunkt in der Zukunft reicht

Beispiel: In ten minutes you <u>will have been driving</u> non-stop for six hours.

Bildung

Wir brauchen *will have been* und das Verb in der *ing*-Form.
(Kurzformen siehe Seite 31)

	Positiv	Negativ	Frage
alle Formen gleich	I <u>will</u> have been speak<u>ing</u>	I <u>will</u> not <u>have</u> been speak<u>ing</u>	<u>Will</u> I <u>have</u> been speak<u>ing</u>?

Besonderheiten

siehe Besonderheiten beim Anhängen von *ing,* Seite 32

CONDITIONAL 1

(KONDITIONAL 1)

Die Zeitform *Conditional 1* verwenden wir hauptsächlich in *If*-Sätzen vom Typ II *(Conditional Sentences)*. Das *Conditional I* drückt dabei eine Handlung aus, die unter anderen Voraussetzungen stattfinden könnte.

✏ **BEISPIEL**

» I'm baking a cake. Can you help me?
» If I had time, I'd help you. But I need to go to town. The tram leaves in ten minutes.

VERWENDUNG

» Handlung, die unter anderen Voraussetzungen in der Gegenwart/Zukunft stattfinden würde (siehe *If*-Sätze Typ II, Seite 129)

   Beispiel: If I had time, I would help you.

BILDUNG

Wir brauchen das Hilfsverb *would* und das Verb in der Grundform.
(Kurzformen siehe Seite 31)

	Positiv	Negativ	Frage
alle Formen gleich	I would speak	I would not speak	Would I speak?

CONDITIONAL II

(KONDITIONAL II)

Die Zeitform *Conditional II* verwenden wir hauptsächlich in *If*-Sätzen vom Typ III (*Conditional Sentences,* siehe Seite 129). Das *Conditional II* drückt dabei eine Handlung aus, die unter anderen Voraussetzungen in der Vergangenheit stattgefunden hätte.

 BEISPIEL

This cake is delicious. If I'd had time in the afternoon, I <u>would have helped</u> you bake it.

VERWENDUNG

» Handlung, die unter anderen Voraussetzungen in der Vergangenheit stattgefunden hätte (siehe *If*-Sätze Typ III, Seite 129)

   Beispiel: If I had had time, I <u>would have helped</u> you.

BILDUNG

Wir brauchen *would have* und das *Past Participle* des Verbs.
(Kurzformen siehe Seite 31)

	Positiv	Negativ	Frage
alle Formen gleich	I <u>would have</u> play<u>ed</u>/ <u>spoken</u>	I <u>would</u> not <u>have</u> play<u>ed</u>/ <u>spoken</u>	<u>Would</u> I <u>have</u> play<u>ed</u>/ <u>spoken</u>?

PAST PARTICIPLE

Das *Past Participle* bilden wir bei regelmäßigen Verben durch Anhängen von *ed*. Bei unregelmäßigen Verben verwenden wir die 3. Verbform (siehe Liste unregelmäßige Verben, Seite 146, 3. Spalte).

BESONDERHEITEN

siehe Besonderheiten beim Anhängen von *ed*, Seite 33

KURZFORMEN

KURZFORMEN MIT BE

positive Formen			negative Formen		
lang	kurz	Beispiel	lang	kurz	Beispiel
am	'm	I'm	am not	'm not	I'm not (*nicht:* ~~I amn't~~)
are	're	you're	are not	're not/aren't	you're not/you aren't
is	's	he's	is not	's not/isn't	he's not/he isn't
was	–	–	was not	wasn't	she wasn't
were	–	–	were not	weren't	they weren't

KURZFORMEN MIT HAVE

positive Formen			negative Formen		
lang	kurz	Beispiel	lang	kurz	Beispiel
have	've	I've	have not	've not/haven't	I've not/I haven't
has	's	he's	has not	's not/hasn't	he's not/he hasn't
had	'd	they'd	had not	'd not/hadn't	they'd not/they hadn't

KURZFORMEN MIT DO

positive Formen			negative Formen		
lang	kurz	Beispiel	lang	kurz	Beispiel
do	–	–	do not	don't	I don't
does	–	–	does not	doesn't	he doesn't
did	–	–	did not	didn't	she didn't

ANDERE KURZFORMEN

positive Formen			negative Formen		
lang	kurz	Beispiel	lang	kurz	Beispiel
will	'll	he'll	will not	'll not/won't	he'll not/he won't
would	'd	we'd	would not	wouldn't	we wouldn't

» Einige weitere Verben bilden ebenfalls eine negative Kurzform mit *...n't*.
Beispiel: mustn't, couldn't, shouldn't, needn't, can't (*Langform:* cannot)

Besonderheiten bei der Bildung

3. Person Singular im Simple Present

» Endet das Verb auf *o* oder *Zischlaut* (*ch, sh*), hängen wir <u>es</u> an.

Beispiel: do – he do<u>es</u>
              wash – she wash<u>es</u>

» Endet das Verb auf Konsonant + *y*, wird beim Anhängen von *s* das *y* zu <u>ie</u>. (*aber:* keine Änderung nach Vokal)

Beispiel: worry – he worr<u>ies</u>
              (*aber:* pl<u>ay</u> – he pl<u>ays</u>)

» An die Verben *can, may, might, must, will, would* hängen wir *kein s* an. Sie bleiben in allen Formen gleich.

Beispiel: he can swim
              she must go

Besonderheiten beim Anhängen von *ing*

» Ein *e* am Wortende fällt weg (*aber: ee* bleibt).

Beispiel: com<u>e</u> – coming
              (*aber:* agr<u>ee</u> – agreeing)

» Bei Wörtern mit kurzem, betontem Vokal vor dem Endkonsonanten verdoppeln wir den Endkonsonanten.

Beispiel: sit – si<u>tt</u>ing

» Ein *l* als Endkonsonant hinter einem Vokal wird im britischen Englisch immer verdoppelt (im amerikanischen Englisch aber nicht).

Beispiel: trav<u>el</u> – trave<u>ll</u>ing (*brit. Englisch*)
              trave<u>l</u>ing (*amerik. Englisch*)

» Ein *ie* am Wortende wird durch <u>y</u> ersetzt.

Beispiel: l<u>ie</u> – l<u>y</u>ing

BESONDERHEITEN BEIM ANHÄNGEN VON *ED*

» Endet ein Verb auf *e*, hängen wir nur <u>d</u> an.

   Beispiel: lov<u>e</u> – lov<u>ed</u> (nicht: ~~loveed~~)

» Nach kurzem, betontem Vokal wird der Endkonsonant verdoppelt.

   Beispiel: adm<u>it</u> – adm<u>itt</u>ed

» Der Endkonsonant *l* wird nach Vokal im britischen Englisch immer verdoppelt (aber nicht im amerikanischen Englisch).

   Beispiel: trav<u>el</u> – trave<u>ll</u>ed (*brit. Englisch*)

                    trave<u>l</u>ed (*amerik. Englisch*)

» Ein *y* am Wortende (nach Konsonant) wird durch <u>i</u> ersetzt.

   Beispiel: hurr<u>y</u> – hurr<u>i</u>ed (*aber:* play – played)

VERBEN OHNE VERLAUFSFORM

Folgende Verben werden normalerweise nur in den *Simple*-Formen verwendet.

» Zustandsverben
be, cost, fit, mean, remain, suit

   Beispiel: They <u>are</u> on holiday.

» Modalverben
can, may, must, need not, shall/should/ought to

   Beispiel: I <u>must</u> go.

» Verben, die einen Besitz/eine Zugehörigkeit anzeigen
belong, have

   Beispiel: The luggage <u>belongs</u> to the family.

» Verben der Sinneswahrnehmung
hear, see, smell, taste, touch

   Beispiel: I <u>hear</u> people talking outside.

» Verben zum Ausdrücken von Gefühlen
hate, like, love, prefer, regret, want, wish

   Beispiel: Ben <u>loves</u> going by bus.

» Verben des Denkens und Erkennens
believe, know, realize, recognize, seem, think, understand

   Beispiel: He <u>knew</u> my phone number.

» Begleitsätze bei der direkten Rede
answer, ask, reply, say

   Beispiel: "I am hungry," she <u>said</u>.

ZEITEN GEGENÜBERSTELLUNG

SIMPLE PRESENT – PRESENT PROGRESSIVE

Mit *Simple Present* und *Present Progressive* drücken wir Handlungen in der Gegenwart aus. *Simple Present* nehmen wir für alltägliche Handlungen bzw. als Erzählform in der Gegenwart. *Present Progressive* verwenden wir, wenn wir erzählen, was momentan geschieht.

 **BEISPIEL**

The Smiths <u>are going</u> on holiday. They usually <u>go</u> on holiday by train. They <u>take</u> a taxi to the station, <u>check</u> the timetable and then <u>get on</u> the train.

At the moment they <u>are standing</u> in front of the timetable. The train <u>departs</u> at 15:12 and <u>arrives</u> in Brighton at 16:45.

At 6 pm the Smiths <u>are meeting</u> Ben's aunt in Brighton. She <u>studies</u> law in London, but she <u>is working</u> as a waitress in Brighton during the summer holiday.

BILDUNG

Informationen zur Bildung der beiden Zeiten siehe:

» Simple Present (Seite 8)
» Present Progressive (Seite 10)

VERWENDUNG

Simple Present	Present Progressive
nacheinander stattfindende Handlungen	genau in diesem Moment
They take a taxi to the station, check the timetable and get on the train.	The Smiths are going on holiday. At the moment, they are standing in front of the timetable.
Uhrzeit ist offiziell in einem Fahrplan/ Stundenplan/Programm festgelegt	vereinbarte Uhrzeit (bei Verabredungen)
The train departs at 15:12 and arrives in Brighton at 16:45.	At 6 pm they are meeting Ben's aunt in Brighton.
typische Handlung (immer, oft, nie)	nur vorübergehend (vereinbarter kurzer Zeitraum)
She studies law in London. They usually go on holiday by train.	She is working as a waitress in Brighton during the summer.

VERBEN OHNE VERLAUFSFORM

Einige Verben verwenden wir normalerweise nicht in der Verlaufsform, sondern in der *Simple*-Form (siehe Seite 33).

SIGNALWÖRTER

Simple Present	Present Progressive
• always	• at the moment
• every day/month/…	• now
• often	• right now
• normally	• today
• usually	• Listen!/Look!
• sometimes	• this week
• rarely	• this summer
• never	• this year
• first	
• then	

SIMPLE PRESENT – PRESENT PERFECT PROGRESSIVE

Simple Present verwenden wir für allgemeine Aussagen über die Gegenwart und für Handlungen, die in der Gegenwart regelmäßig stattfinden. Mit dem *Present Perfect Progressive* drücken wir aus, wie lange eine Handlung schon stattfindet.

Das zu unterscheiden, ist oft kompliziert, da wir im Deutschen in beiden Fällen Präsens nehmen.

 BEISPIEL

» Helen, you've been cycling for three hours and you're not tired. How often do you cycle?

» I cycle almost every day. My grandparents gave me a bike on my fourth birthday. I've been cycling since then.

BILDUNG

Informationen zur Bildung der beiden Zeiten siehe:

» Simple Present (Seite 8)
» Present Perfect Progressive (Seite 18)

VERWENDUNG

Simple Present	Present Perfect Progressive
wann/wie oft	wie lange schon/seit wann
How often <u>do</u> you <u>cycle</u>? I <u>cycle</u> *almost every day.*	*How long* <u>have</u> you <u>been cycling</u>? You <u>have been cycling</u> *for three hours.* I <u>have been cycling</u> *since then.*

SIGNALWÖRTER

Simple Present	Present Perfect Progressive
• how often • once/twice • three times • every day/month/…	• how long • since • for

---

INFO

Die Signalwörter fürs *Simple Present* verwenden wir auch fürs *Present Perfect Simple.* Beim *Simple Present* wollen wir aber wissen, wie oft eine Handlung stattfindet (nicht wie oft sie bisher stattgefunden hat).

Beispiel: I <u>cycle</u> three times a week. *(Simple Present)*
I <u>have</u> only <u>cycled</u> three times in my life. *(Present Perfect Simple)*

PRESENT PERFECT SIMPLE – PRESENT PERFECT PROGRESSIVE

Mit dem *Present Perfect* drücken wir eine in der Vergangenheit begonnene Handlung aus, die bis jetzt andauert oder eben abgeschlossen wurde. Das *Present Perfect Simple* verwenden wir dabei vor allem, um das Ergebnis der Handlung zu betonen. Mit dem *Present Perfect Progressive* betonen wir die Dauer oder den ununterbrochenen Verlauf einer Handlung, egal ob die Handlung abgeschlossen ist oder nicht.

✎ BEISPIEL

I'm a receptionist at a nice little hotel next to my house. I've been working here since 2010 and I've welcomed many tourists.

Today I've been very busy. I've been writing e-mails all day. I've already written ten e-mails. Now I'm hungry – I haven't eaten anything since breakfast.

BILDUNG

Informationen zur Bildung der beiden Zeiten siehe:

» Present Perfect Simple (Seite 16)
» Present Perfect Progressive (Seite 18)

VERWENDUNG

Present Perfect Simple	Present Perfect Progressive
Ergebnis steht im Vordergrund (was, wie viel, wie oft)	Dauer oder Handlung selbst steht im Vordergrund (wie lange, seit wann)
I <u>have welcomed</u> *many tourists.* I <u>have written</u> *ten e-mails* today.	I <u>have been working</u> here *since 2010.* I <u>have been writing</u> e-mails *all day.*
negativ: gar nicht (mehr) seit …	*negativ:* nicht durchgängig seit …
I <u>have not eaten</u> anything all day.	I <u>have not been eating</u> all day.
✎ Ich habe den ganzen Tag noch nichts gegessen.	✎ Ich habe nicht den ganzen Tag lang (ununterbrochen) gegessen.

VERBEN OHNE VERLAUFSFORM

Einige Verben verwenden wir normalerweise nicht in der Verlaufsform, sondern in der *Simple*-Form (siehe Seite 33).

Beispiel: *be* – Today I <u>have been</u> very busy.

SIGNALWÖRTER

Present Perfect Simple	Present Perfect Progressive
• how often • … times	• how long • since • for

INFO

Für die Verben *live* und *work* können wir die Dauer mit *Present Perfect Progressive* oder *Present Perfect Simple* angeben, ohne dass sich die Bedeutung ändert.

Beispiel: I <u>have been working/living</u> here since 2010.
I <u>have worked/lived</u> here since 2010.

Simple Past – Past Progressive

Mit *Simple Past* und *Past Progressive* drücken wir Handlungen in der Vergangenheit aus. *Simple Past* nehmen wir dabei als Erzählform in der Vergangenheit. Wollen wir den Verlauf einer Handlung in der Vergangenheit betonen, verwenden wir *Past Progressive*.

✎ Beispiel

I <u>spent</u> my holidays in Wales last year. I <u>travelled</u> around by bike. Every morning I <u>got up</u> early, <u>set off</u> on my bike, <u>visited</u> the villages along the way and <u>talked</u> to people.

My friends <u>preferred</u> to spend their holidays by the sea. So while I <u>was cycling</u>, my friends <u>were</u> probably <u>sitting</u> on the beach.

But one day, when I <u>was talking</u> to a farmer in a village, my mobile <u>rang</u>. My friends <u>were phoning</u> to tell me how awful the weather <u>was</u> at the seaside.

Bildung

Informationen zur Bildung der beiden Zeiten siehe:

» Simple Past (Seite 12)
» Past Progressive (Seite 14)

VERWENDUNG

Simple Past	Past Progressive
nacheinander stattfindende Handlungen	gleichzeitig ablaufende Handlungen
Every morning I got up early, set off on my bike, visited the villages along the way and talked to people.	While I was cycling, my friends were probably sitting on the beach.
neu eintretende Handlung	bereits laufende Handlung
When I was talking to a farmer in a village, my mobile suddenly rang.	When I was talking to a farmer in a village, my mobile suddenly rang.
normale Erzählform in der Vergangenheit	Verlauf der Handlung betonen
I spent my holidays in Wales. I travelled around by bike.	My friends were phoning to tell me ….

VERBEN OHNE VERLAUFSFORM

Einige Verben verwenden wir normalerweise nicht in der Verlaufsform, sondern in der *Simple*-Form (siehe Seite 33).

SIGNALWÖRTER

Simple Past	Past Progressive
• first • then	• when • while • as long as

SIMPLE PAST – PRESENT PERFECT SIMPLE

Während im Deutschen Perfekt und Präteritum oft austauschbar sind, müssen wir im Englischen genau zwischen den beiden Zeitformen unterscheiden.

Sobald eine Zeitangabe in der Vergangenheit vorkommt, müssen wir *Simple Past* verwenden. In Sätzen ohne Signalwörter müssen wir entscheiden, ob einfach nur über eine Handlung in der Vergangenheit erzählt wird oder ob ein Bezug zur Gegenwart besteht.

 BEISPIEL

I've <u>been</u> to the theatre only three or four times in my life. I last <u>went</u> to the theatre in 2005. I <u>saw</u> the Shakespeare play Hamlet. I've not <u>been</u> to the theatre since.

Last week my friend <u>phoned</u> and <u>asked</u> me if I wanted to go to the theatre with her. I <u>said</u> yes.

I've <u>bought</u> a new dress, and now I'm in the theatre and I've just <u>found</u> my seat.

BILDUNG

Informationen zur Bildung der beiden Zeiten siehe:

» Simple Past (Seite 12)
» Present Perfect Simple (Seite 16)

INFO

Die Erklärungen zur Unterscheidung zwischen *Simple Past* und *Present Perfect Simple* beziehen sich auf britisches Englisch. Im amerikanischen Englisch wird statt *Present Perfect Simple* häufig *Simple Past* verwendet.

VERWENDUNG

Simple Past	Present Perfect Simple
Zeitpunkt in der Vergangenheit ist angegeben	gerade eben abgeschlossen (*just/already/yet*)
I last <u>went</u> to the theatre in 2005.	Now I am in the theatre and I <u>have</u> *just* <u>found</u> my seat.
bestimmtes Ereignis in der Vergangenheit	ob/wie oft bis jetzt
I <u>saw</u> the Shakespeare play Hamlet.	I <u>have been</u> to the theatre only three or four times in my life. I <u>have</u> not <u>been</u> to the theatre since.
Erzählform in der Vergangenheit	Bezug zur Gegenwart
Last week my friend <u>phoned</u> and <u>asked</u> me if I wanted to go to the theatre with her. I <u>said</u> yes.	I <u>have bought</u> a new dress. ✎ sie trägt es jetzt

SIGNALWÖRTER

Simple Past	Present Perfect Simple
• yesterday •	• just •
• ... ago •	• already •
• in 1990 •	• up to now •
• the other day •	• until now/till now •
• last ... •	• ever •
	• (not) yet •
	• so far •
	• lately/recently •

• often •
• always •
• before •
• just •
• never •
• often •

Simple Past – Past Perfect

Simple Past verwenden wir, wenn wir (der Reihe nach) erzählen, was in der Vergangenheit passierte. Blicken wir von dieser Vergangenheit auf etwas zurück, das noch früher geschah, verwenden wir *Past Perfect*.

 Beispiel

Monica <u>flew</u> to London yesterday. As she <u>had</u> never <u>travelled</u> by plane before, she <u>was</u> a little nervous.

First she <u>checked</u> in, then she <u>went</u> to the gate. Finally the plane <u>was</u> ready for boarding and Monica <u>got</u> on the plane.

She <u>had</u> already <u>fastened</u> her seatbelt when the flight attendants <u>gave</u> the safety demonstration.

After the flight attendants <u>had completed</u> the safety demonstration, the plane <u>took</u> off.

Bildung

Informationen zur Bildung der beiden Zeiten siehe:

» Simple Past (Seite 12)
» Past Perfect Simple (Seite 20)

Signalwörter

Simple Past	Past Perfect
• first • then	• already • up to then • before (that day) • after

VERWENDUNG

Simple Past	Past Perfect
Erzählform in der Vergangenheit	Rückblick auf etwas, das vor/bis zu einem bestimmten Zeitpunkt in der Vergangenheit geschah
Monica <u>flew</u> to London yesterday. First she <u>checked</u> in and then she <u>went</u> to the gate. The plane <u>was</u> ready for boarding and Monica <u>got</u> on the plane.	As she <u>had</u> never <u>travelled</u> by plane before, she was a little nervous. She <u>had</u> already <u>fastened</u> her seatbelt when the flight attendants gave the safety demonstration. After the flight attendants <u>had completed</u> the safety demonstration, the plane took off.

AFTER/BEFORE/WHEN MIT SIMPLE PAST/PAST PERFECT

	Simple Past	Past Perfect
after	Im Satz gibt es nur ein Vollverb, *after* ist eine Präposition (*after* = *nach*). *After* the safety demonstration the plane <u>took</u> off.	Es gibt zwei Teilsätze (durch Komma getrennt), das Verb steht im Teilsatz mit *after* (*after* = *nachdem*). *After* the flight attendants <u>had completed</u> the safety demonstration, the plane took off.
when	Die Handlung im Teilsatz mit *when* geschieht nach der Handlung im anderen Teilsatz. She had fastened her seatbelt *when* the flight attendants <u>gave</u> the safety demonstration.	Die Handlung im Teilsatz mit *when* war gerade abgeschlossen, als die neue Handlung einsetzte. *When* she <u>had fastened</u> her seatbelt, the flight attendants gave the safety demonstration.
before	Die Handlung im Teilsatz mit *before* trat ein, nachdem die andere Handlung abgeschlossen war. All passengers boarded/had boarded *before* the plane <u>took</u> off.	Die Handlung im Teilsatz mit *before* war noch nicht abgeschlossen, als die neue Handlung einsetzte. The plane took off *before* all passengers <u>had boarded</u>.

ZEITEN FUTUR

Es gibt im Englischen mehrere Möglichkeiten, die Zukunft auszudrücken. Dabei können wir aber nicht beliebig wählen, sondern müssen je nach Situation eine bestimmte Zeitform nehmen.

✐ BEISPIEL

It is the last lesson at school today. The lesson <u>finishes</u> at half past two, so it <u>lasts</u> another 20 minutes.

Jack is thinking about the end of the school day. This afternoon he <u>is playing</u> football with his friends. Last time he did not play well and his team lost because of him. He <u>is going to play</u> better today. And the weather forecast says that it <u>will be</u> a sunny afternoon.

The teacher has just asked a question and Fiona <u>is going to answer</u> it – she has already raised her hand. But then the teacher thinks, "I <u>will ask</u> Jack. Otherwise he <u>will</u> probably <u>fall</u> asleep."

As Jack has been daydreaming the whole time, he does not know the answer. But he promises that he <u>will pay</u> attention in the future.

BILDUNG

Informationen zur Bildung der Zeiten siehe:

» Future 1 Simple *(will)* (Seite 24)
» Future 1 *(going to)* (Seite 25)
» Simple Present (Seite 8)
» Present Progressive (Seite 10)

VERWENDUNG

Zeitform	Verwendung

Future l (*will*)	nicht beeinflussbares Geschehen (z. B. Wettervorhersage)
	  It <u>will be</u> a sunny afternoon.
	
	Vermutung hinsichtlich der Zukunft
	  Otherwise he <u>will</u> probably <u>fall</u> asleep.
	
	Versprechen
	  He promises that he <u>will pay</u> attention in the future.
	
	spontaner Entschluss
	  But then the teacher thinks, "I <u>will ask</u> Jack."

Future l (*going to*)	man hat sich für die Zukunft etwas fest vorgenommen
	  Today he <u>is going to play</u> better.
	
	etwas weist darauf hin, dass eine bestimmte Handlung gleich passieren wird
	  Fiona <u>is going to answer</u> the question – she has already raised her hand.

Simple Present	verbindlich festgelegter Zeitablauf (Fahrplan, Stundenplan usw.) The lesson <u>finishes</u> at half past two, so it <u>lasts</u> another 20 minutes.
Present Progressive	feste Pläne/Termine, die für die nahe Zukunft bereits vereinbart wurden (meist mit Angabe der Zeit) This afternoon he <u>is playing</u> football with his friends.

Zeiten Gegenwart

Es gibt im Englischen mehrere Möglichkeiten, die Gegenwart auszudrücken. Dabei können wir aber nicht beliebig wählen, sondern müssen je nach Situation eine bestimmte Zeitform nehmen.

 Beispiel

» Look! Buster's <u>sleeping</u> in the armchair!
» I know. He <u>sleeps</u> there every day.
» I'<u>ve been looking</u> for him outside for half an hour, you know. When I didn't find him outside I thought, "He'<u>ll</u> probably <u>be</u> inside."
» Well, now you'<u>ve found</u> him.
» How long <u>has</u> he <u>been lying</u> there?
» For about an hour. Look, he'<u>s dreaming</u>.
» He'<u>ll</u> probably <u>be dreaming</u> of a nice bowl of milk.

Bildung

Informationen zur Bildung der Zeiten siehe:

» Simple Present (Seite 8)
» Present Progressive (Seite 10)
» Present Perfect Simple (Seite 16)
» Present Perfect Progressive (Seite 18)
» Future I Simple (*will*) (Seite 25)
» Future I Progressive (Seite 26)

VERWENDUNG

Zeitform	Verwendung
Simple Present	drückt Regelmäßigkeit aus He sleeps there every day.
Present Progressive	betont, dass eine Handlung gerade im Gange ist Look! Buster's sleeping in the armchair! He's dreaming.
Present Perfect Simple	Handlung ist gerade abgeschlossen Now you've found him.
Present Perfect Progressive	betont den Verlauf einer Handlung von der Vergangenheit bis jetzt I've been looking for him outside for half an hour. How long has he been lying there?
Future I Simple	Vermutung über einen Zustand/Vorgang in der Gegenwart He'll probably be inside.
Future I Progressive	Vermutung darüber, was gerade geschieht He'll probably be dreaming of a nice bowl of milk.

ZEITEN VERGANGENHEIT

Es gibt im Englischen mehrere Möglichkeiten, die Vergangenheit auszudrücken. Dabei können wir aber nicht beliebig wählen, sondern müssen je nach Situation eine bestimmte Zeitform nehmen.

✐ BEISPIEL

When I <u>came</u> home last Monday, I <u>had</u> a message on my answering machine. It <u>said</u>, "Meet me in the park." I <u>didn't know</u> who the message <u>was</u> from, but I <u>was</u> curious.

The sun <u>was shining</u>. So after I'<u>d checked</u> all the messages on my answering machine, I <u>put</u> on my jacket, <u>took</u> my bag and <u>went</u> to the park. And there he <u>was</u>: Luke, an old friend from school. I <u>hadn't seen</u> him for ages.

Now he <u>was standing</u> there smiling at me. He <u>was holding</u> a flower that he'<u>d bought</u> in a nearby flowershop.

I <u>was</u> glad to see him. He <u>looked</u> relieved as he'd already <u>been waiting</u> there for a few hours.

BILDUNG

Informationen zur Bildung der Zeiten siehe:

» Simple Past (Seite 12)
» Past Progressive (Seite 14)
» Past Perfect Simple (Seite 20)
» Past Perfect Progressive (Seite 22)

VERWENDUNG

Zeitform	Verwendung
Simple Past	normale Erzählform in der Vergangenheit (Handlungen, die nacheinander stattfanden) When I <u>came</u> home last Monday, I <u>had</u> a message on my answering machine. It <u>said</u>, "Meet me in the park." I <u>didn't know</u> who the message <u>was</u> from, but I was curious. I <u>put</u> on my jacket, <u>took</u> my bag and <u>went</u> to the park. And there he <u>was</u>: Luke, an old friend from school. I <u>was</u> glad to see him. He <u>looked</u> relieved.
Past Progressive	betont den Verlauf einer Handlung The sun <u>was shining</u>. He <u>was standing</u> there smiling at me. He <u>was holding</u> a flower.
Past Perfect Simple	Handlung, die vor einer bestimmten (bereits erwähnten) Handlung stattfand After I <u>had checked</u> all the messages on my answering machine, I put on my jacket … I <u>hadn't seen</u> him for ages. He was holding a flower that he <u>had bought</u> in a nearby flowershop.
Past Perfect Progressive	betont, wie lange eine Handlung bis zu einem Zeitpunkt in der Vergangenheit dauerte He looked relieved, as he <u>had</u> already <u>been waiting</u> there for a few hours.

HILFSVERBEN

Hilfsverben sind die Verben *be*, *do*, *have*, *will*, wenn sie zur Bildung einer Frage, Verneinung bzw. einer zusammengesetzten Zeitform oder des Passivs gebraucht werden.

DAS VERB *BE*

Das Verb *be* können wir als Hilfsverb und als Vollverb verwenden. Da *be* ein unregelmäßiges Verb ist, sieht es in allen Formen verschieden aus:

Simple Present:	I <u>am</u>
	he/she/it <u>is</u>
	we/you/they <u>are</u>
Simple Past:	I/he/she/it <u>was</u>
	we/you/they <u>were</u>
Partizip Perfekt:	<u>been</u>

Als Hilfsverb benötigen wir *be* für die Verlaufsformen und das Passiv. Nach *be* als Hilfsverb steht immer ein weiteres Verb (das Vollverb), entweder im *Present Participle* oder im *Past Participle*.

VERLAUFSFORM

Present Progressive:	He <u>is</u> playing football.
Past Progressive:	He <u>was</u> playing football.
Present Perfect Progressive:	He has <u>been</u> playing football.
Past Perfect Progressive:	He had <u>been</u> playing football.

PASSIV

Simple Present/Past:	The house <u>is/was</u> built.
Present/Past Perfect:	The house has/had <u>been</u> built.
Futur I:	The house will <u>be</u> built.

BEACHTE

Be kann auch ein Vollverb sein. Wird *be* als Vollverb verwendet, nehmen wir bei der Verneinung und Frage kein Hilfsverb.

Positiver Satz:	They *are* fifteen years old.
Verneinung:	They *are* not fifteen years old.
Frage:	*Are* they fifteen years old?

DAS VERB *HAVE*

Auch das Verb *have* kann als Hilfsverb und als Vollverb verwendet werden. Es ist ebenfalls ein unregelmäßiges Verb.

Simple Present:	I/we/you/they <u>have</u>
	he/she/it <u>has</u>
Simple Past:	I/he/she/it/we/you/they <u>had</u>
Partizip Perfekt:	<u>had</u>

Als Hilfsverb benötigen wir *have* für zusammengesetzte Zeiten im Aktiv und Passiv.

ZUSAMMENGESETZTE ZEITEN AKTIV

Present Perfect Simple:	He <u>has</u> played football.
Past Perfect Simple:	He <u>had</u> played football.
Present Perfect Progressive:	He <u>has</u> been playing football.
Past Perfect Progressive:	He <u>had</u> been playing football.

ZUSAMMENGESETZTE ZEITEN PASSIV

Present/Past Perfect:	The house <u>has/had</u> been built.

HAVE ALS HILFS- ODER VOLLVERB

Wollen wir einen Besitz ausdrücken, können wir *have* als Vollverb (kursiv) oder Hilfsverb (unterstrichen) verwenden.

als Vollverb:	I *have* a car.
als Hilfsverb:	I <u>have</u> *got* a car.

Mit *have* als Vollverb steht bei der Verneinung/Frage das Hilfsverb *do*.

als Vollverb:	I <u>do</u> not *have* a car.
	<u>Do</u> I *have* a car?

Im britischen Englisch ist bei Besitz *have got* üblicher, *have* wird dann als Hilfsverb verwendet.

als Hilfsverb:	I <u>have</u> not *got* a car.
	<u>Have</u> I *got* a car?

DAS VERB *WILL*

Das Verb *will* kann nur als Hilfsverb verwendet werden. In der 3. Person Singular wird kein *s* angehängt. Die Kurzform der Verneinung ist *won't*.

> *Beispiel:* I <u>will</u>, he <u>will</u>
> I <u>will</u> not = I <u>won't</u>

Mit dem Hilfsverb *will* bilden wir die Zukunftsformen.

> *Future I:* He <u>will</u> not *play* football.

> *Future II:* He <u>will</u> have *played* football.

DAS VERB *DO*

Das Verb *do* kann Hilfsverb oder Vollverb sein. Es ist ein unregelmäßiges Verb.

> *Simple Present:* I/we/you/they <u>do</u>
> he/she/it <u>does</u>

> *Simple Past:* I/he/she/it/we/you/they <u>did</u>

> *Partizip Perfekt:* <u>done</u>

Als Hilfsverb benötigen wir *do* bei Verneinungen und Fragen im *Simple Present* und *Simple Past*. (Das Vollverb steht dann im Infinitiv.)

HILFSVERB *DO* BEI VERNEINUNGEN

> *Simple Present:* He <u>does</u> not *play* football.

> *Simple Past:* He <u>did</u> not *play* football.

HILFSVERB *DO* IN FRAGEN

> *Simple Present:* <u>Does</u> he *play* football?

> *Simple Past:* <u>Did</u> he *play* football?

KEIN HILFSVERB *DO* BEI VERNEINUNG UND FRAGE

Das Hilfsverb *do* für Verneinung und Frage wird in folgenden Fällen nicht verwendet:

» Das Vollverb ist *be*.

> *Beispiel:* I *am* not angry.
>
> *Are* you okay?

» Es gibt bereits ein anderes Hilfsverb (z. B. *have, be, will*).

> *Beispiel:* They <u>are</u> not *sleeping*.
>
> <u>Have</u> you *heard* that?

» Es wird ein Modalverb verwendet (*can, could, may, might, must, ought to, shall, should, would*).

> *Beispiel:* I <u>must</u> *go* now.
>
> <u>Can</u> you *repeat* that, please?

» Es wird nach dem Subjekt („Wer/Was?") gefragt.

> *Beispiel:* <u>Who</u> *sings* that song?

DO ALS VOLLVERB

Nutzen wir *do* als Vollverb (im Sinne von tun/machen), verwenden wir bei Verneinung und Frage ein zusätzliches *do* als Hilfsverb.

positiver Satz:	She *does* her homework every day.
Verneinung:	She <u>doesn't</u> *do* her homework every day.
Frage:	<u>Does</u> she *do* her homework every day?

MODALVERBEN

Modalverben sind Verben wie *can, may, might, must, need not, shall/should/ought to*. Sie drücken eine Fähigkeit, eine Erlaubnis usw. aus.

 **BEISPIEL**

Max is 12 years old and wants to become a mechanic. He is going to take over his father's garage, so he <u>need not</u> worry about his future.

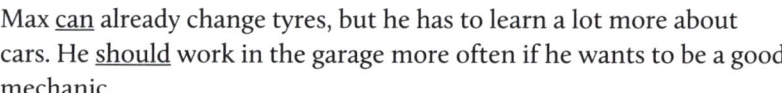

Max's father tells him every day that he <u>must</u> do what he is told and <u>must not</u> touch any dangerous equipment.

Max <u>can</u> already change tyres, but he has to learn a lot more about cars. He <u>should</u> work in the garage more often if he wants to be a good mechanic.

VERWENDUNG

» Die englischen Modalverben verwenden wir meist nur im Präsens. In der 3. Person Singular hängen wir kein *s* an.

  Beispiel: He <u>must</u> do what he is told. (*nicht*: ~~he musts~~)

» Bei der Verneinung verwenden wir kein weiteres Hilfsverb.

  Beispiel: Max <u>need not</u> worry about his future.

  Max <u>must not</u> touch any dangerous equipment.

  ✎ *nicht dürfen = must not*

  nicht müssen = need not oder *don't have to*

» Modalverben brauchen im Englischen immer ein Vollverb. (Das Vollverb wird ohne *to* angehängt.)

  Beispiel: Max <u>can</u> *change* tyres.

  (*nicht*: ~~Max can to change tyres.~~)

INFO

Im Deutschen verwenden wir Modalverben manchmal allein. Das ist im Englischen (außer bei Kurzantworten und *Question Tags*) nicht möglich.

  Beispiel: <u>Kannst</u> du das (*tun*)? – <u>Can</u> you *do* this?

ERSATZFORMEN

Wollen wir eine Situation in der Vergangenheit ausdrücken, müssen wir statt der Modalverben die Ersatzformen verwenden.

> Max's father took over the garage from his father. He <u>did not have to</u> worry about his future either. Max's father also <u>had to</u> learn a lot and <u>had to</u> do what he was told. He <u>was not allowed</u> to touch dangerous equipment. He <u>was expected to</u> work in the garage often. However, Max's father was not as talented as Max and <u>was not able</u> to change tyres until he was 15 years old.

LISTE – MODALVERBEN UND ERSATZFORMEN

Modalverb	Ersatzform	Beispielsatz
must	to have to	Max <u>must</u> do what he is told. His father <u>had to</u> do what he was told.
must not	not to be allowed to	Max <u>must not</u> touch anything dangerous. His father <u>was not allowed to</u> touch anything dangerous.
can (*können*)	to be able to	Max <u>can</u> already change tyres. His father <u>was not able to</u> change tyres.
can (*dürfen*)	to be allowed to	Max <u>can</u> help in the garage at the age of 12. Max's father <u>was allowed to</u> help at the age of 13.
need not	not to have to	Max <u>need not</u> worry. His father <u>did not have to</u> worry.
should/ ought to	to be to/ to be supposed to/ to be expected to	Max <u>should</u> work in the garage more often. Max's father <u>was expected/supposed to</u> work in the garage often.

Natürlich können wir die Ersatzformen auch im Präsens verwenden.

Beispiel: Max <u>can</u> change tyres. = Max <u>is able to</u> change tyres.

> ### BEACHTE
> *Must* nehmen wir fast ausschließlich, um den Wunsch des Sprechers auszudrücken. In anderen Fällen müssen wir auf *have to* ausweichen (*have to* ist im Zweifelsfall immer richtig).
> *Beispiel:*   His father says: "You must do what you are told."
> ✎ sein Vater ist der Sprecher – er will das so

Infinitiv/Gerundium

Bestimmte Verben, Adjektive, Nomen usw. müssen wir im Englischen mit einem Infinitiv oder einem Gerundium verwenden.

Infinitiv

Der Infinitiv ist die Grundform des Verbs. Wir verwenden den Infinitiv:

» um einen Zweck auszudrücken (im Sinne von *um zu ...*)
   Beispiel: I went to the shops <u>to buy</u> some milk.

» nach vielen Adjektiven (mit *to*)
   glad, happy, impossible, kind, lucky, nice, pleased, right, sad, stupid, surprised, wise, wrong ...
   Beispiel: It was *impossible* <u>to go</u> back.

» nach bestimmten Nomen (mit *to*)
   agreement, aim, arrangement, attempt, choice, claim, decision, determination, effort, expectation, failure, guarantee, hesitation, hope, longing, need, offer, plan, preparation, promise, refusal, resolution, tendency, threat, trouble, ...
   Beispiel: There was *no need* <u>to get</u> angry.

» nach bestimmten Ausdrücken (ohne *to*)
   had better, would rather, would sooner, why not, why should I/you/... (not), ...
   Beispiel: I *would rather* <u>stay</u> at home.

» nach bestimmten Verben (ohne *to*)
   can, dare, do, help, let, may, might, must, need, shall, should, will, ...
   Beispiel: We *might* <u>stay</u> at home.

» nach bestimmten Verben (mit *to*)
   afford, agree, aim, appear, arrange, attempt, be determined, beg, choose, claim, consent, dare, decide, demand, deserve, determine, endeavour, expect, fail, guarantee, happen, help, hesitate, hope, learn, long, manage, mean, need, neglect, offer, plan, prepare, pretend, proceed, promise, refuse, resolve, seem, stop, swear, tend, threaten, volunteer, vow, want, wish, would hate, would like, would love, would prefer, ...
   Beispiel: He *refused* <u>to pay</u> the bill.

» nach bestimmten Verben + Objekt (ohne *to*)
let, make

> *Beispiel:* She *made him* <u>do</u> his homework.

» nach bestimmten Verben + Objekt (mit *to*)
advise, allow, ask, beg, cause, enable, encourage, expect, forbid, force, get, help, invite, mean, order, permit, persuade, recommend, remind, teach, tell, want, warn, would hate, would like, would love, would prefer, ...

> *Beispiel:* She *got me* <u>to wash</u> the dishes.

» nach bestimmten Verben + Fragewort (mit *to*)
ask, advise (+ Objekt), *consider, decide, explain, find out, forget, know, learn, remember, see, show, teach, tell* (+ Objekt), *understand, wonder, ...*
+ Fragewörter: *how, if, what, where, whether*

> *Beispiel:* We didn't *remember where* <u>to meet</u>.

GERUNDIUM

Gerundium (englisch: *gerund*) nennen wir die *ing*-Form eines Verbs in Verbindung mit bestimmten Wörtern. Wir verwenden das Gerundium:

» als Subjekt eines Satzes

> *Beispiel:* <u>Cycling</u> is good for your health.

» nach bestimmten Präpositionen
about, after, apart, because, before, by, in, in, instead, on, without, ...

> *Beispiel:* *Instead of* <u>studying</u> for her exams, she went out every night.

» nach bestimmten Adjektiven (mit/ohne Präposition)
afraid of, angry about/at, bad at, busy, crazy about, disappointed about, excited about, famous for, fond of, glad about, good at, interested in, keen on, proud of, sick of, sorry about, tired of, worried about, worth, ...

> *Beispiel:* I am *interested in* <u>visiting</u> the museum.

» nach bestimmten Nomen (mit Präposition)
advantage of, alternative to, chance of, choice between, danger in/of, difficulty in, experience of, fun in, hope of, idea of, interest in, pleasure in, point in/of, possibility of, problem in, reason for, trouble of, use in, ...

> *Beispiel:* There's no *point in* <u>waiting</u> any longer.

» nach bestimmten Verben (ohne Präposition)
admit, advise, appreciate, avoid, consider, delay, deny, enjoy, escape, fancy, finish, go, imagine, involve, keep, mention, mind, miss, permit, postpone, practise, reject, resist, risk, stop, suggest, ...

> *Beispiel:* I *enjoy* <u>cooking</u>.

» nach bestimmten Verben (mit/ohne Objekt und Präposition)
accuse sb of, adjust to, apologize for, begin by/with, blame sb for, carry on, complain about, concentrate on, congratulate sb on, decide against, dream of, feel like, forgive sb for, insist on, look forward to, object to, pay sb for, prevent sb from, protect sb from, succeed in, suspect sb of, talk about, thank sb for, think about/of, use sth for, warn sb against, worry about, ...

> *Beispiel:*   I'm *looking forward to* <u>seeing</u> you again soon.

INFO

Bei der Bildung der *ing*-Form müssen eventuell ein paar Besonderheiten beachtet werden.

(siehe Besonderheiten beim Anhängen von *ing*, Seite 32)

INFINITIV ODER GERUNDIUM

Neben Wörtern, die entweder mit Infinitiv oder Gerundium verwendet werden, gibt es auch Wörter, die wir sowohl mit Infinitiv als auch mit Gerundium verwenden können. Dabei ändert sich jedoch manchmal die Bedeutung.

GLEICHE BEDEUTUNG

» Bei den folgenden Wörtern ist es egal, ob wir Infinitiv oder Gerundium nehmen – die Bedeutung bleibt gleich.
begin, bother, cannot bear, continue, intend, prefer, start

> *Beispiel:*   I *started* <u>to read</u>./I *started* <u>reading</u>.

» Die Verben *hate/like/love* können wir bei wiederholten Handlungen mit Infinitiv oder Gerundium verwenden.

> *Beispiel:*   I *hate* <u>to get up</u> early./I *hate* <u>getting up</u> early.

Handelt es sich aber um eine fortlaufende Situation, nehmen wir Gerundium.

> *Beispiel:*   I have lived here for two years. I like <u>living</u> here.

INFO

Nach den Verben der Wahrnehmung (*feel, find, hear, listen to, notice, see, smell, watch*) sowie nach *go/come* verwenden wir ebenfalls manchmal Infinitiv und manchmal die *ing*-Form. Bei dieser *ing*-Form handelt es sich aber nicht um ein Gerundium, sondern um ein *Present Participle*.

(siehe Partizipien, Seite 62)

GLEICHE BEDEUTUNG, UNTERSCHIEDLICHE VERWENDUNG

Bei den folgenden Wörtern bleibt die Bedeutung gleich; in Sätzen mit Objekt nehmen wir aber den Infinitiv, in Sätzen ohne Objekt das Gerundium.

Wort	Infinitiv (Satz mit Objekt)	Gerundium (Satz ohne Objekt)
advise	I advise *you* to go by bus.	I advise going by bus.
allow/permit	They do not allow *people* to smoke in the building.	They do not allow smoking in the building.
forbid	The teacher has forbidden his students to use mobile phones in class.	The teacher has forbidden using mobile phones in class.

UNTERSCHIEDLICHE BEDEUTUNG

Wort	Bedeutung mit Infinitiv	Bedeutung mit Gerundium
forget/ remember	bezieht sich auf Zukünftiges (daran denken, etwas zu tun) Remember to switch off the lights.	bezieht sich auf Vergangenes (sich erinnern, etw. getan zu haben) Do you remember losing your first tooth?
go on	mit etwas Neuem beginnen After his studies he went on to become a teacher.	mit dem Gleichen weitermachen He stopped reading, looked up a word and then went on reading.
regret	Bedauern, bezogen auf das, was gleich gesagt wird I regret to say that you cannot come with us.	Bedauern, bezogen auf etwas, das zuvor gesagt wurde I regret saying that I hated her.
stop	anhalten, um etwas zu tun I stopped to smoke.	aufhören, etwas zu tun I stopped smoking.
try	etwas Schwieriges versuchen I tried to solve this riddle, but I couldn't.	etwas ausprobieren We tried baking the cake without flour, but it did not work.

PARTIZIPIEN

Im Englischen gibt es drei Arten von Partizipien: *Present Participle, Past Participle* und *Perfect Participle*.

>  **BEISPIEL**
>
> I often go <u>walking</u> in the countryside.
>
> Yesterday, I watched some sheep <u>grazing</u> on the meadow. At first they were only <u>interested</u> in <u>grazing</u>, but after a while they were just <u>standing</u> there <u>wagging</u> their tails. <u>Having eaten</u> so much grass, they were full up. I saw them <u>pooing</u> on the grass!
>
>
>
> <u>Called</u> by me, three sheep slowly came over to me <u>bleating</u>. <u>Having run</u> around on the meadow all day, they were tired, but I seemed to be <u>interesting</u> for them.

PRESENT PARTICIPLE

VERWENDUNG

Das *Present Participle* ist die *ing*-Form. Diese Form verwenden wir:

» als Verlaufsform bei den Zeiten (z. B. *Past Progressive*)
Beispiel: They were just <u>standing</u> there.

» als Adjektiv
Beispiel: I seemed to be <u>interesting</u> for them.

» als Adverb
Beispiel: They came over to me <u>bleating</u>.

» als Gerundium (siehe Infinitiv/Gerundium, Seite 58)
Beispiel: They were only *interested in* <u>grazing</u>.

» nach Verben der Wahrnehmung + Objekt (siehe Tabelle rechts) zur Betonung des Ablaufs oder als Wertung (Bewunderung, Missbilligung)
Beispiel: I *watched them* <u>grazing</u>.
✎ verdeutlicht den Verlauf der Handlung (sie grasten die ganze Zeit)

I *saw them* <u>pooing</u> on the grass!
✎ drückt je nach Betonung evtl. Empörung/Missbilligung aus

» nach *go/come*, um eine Aktivität auszudrücken (siehe Tabelle)
go dancing/shopping/swimming/walking/…

   Beispiel: I often *go* <u>walking</u> in the countryside.

» zum Kürzen eines Aktivsatzes, der mit einem anderen Satz (mit gleichem Subjekt) verbunden werden soll (siehe Partizipialsätze, Seite 138)

   Beispiel: The sheep were standing there. <u>They were wagging their tails.</u>

   → The sheep were standing there <u>wagging their tails</u>.

INFINITIV ODER PRESENT PARTICIPLE

Einige Verben können mit Infinitiv oder *Present Participle* verwendet werden.

Wörter	Bedeutung mit Infinitiv	Bedeutung mit Present Participle
Verben der Wahrnehmung + Objekt: *feel, find, hear, listen to, notice, see, smell, watch*	betont, dass man die gesamte Handlung (von Anfang bis Ende) mitbekam I *saw one sheep* <u>poo</u> on the grass. ✎ Ich habe die Handlung von Anfang bis Ende beobachtet.	erwähnt nur, dass man die Handlung überhaupt mitbekam (evtl. nur einen Teil davon) I *saw one sheep* <u>pooing</u> on the grass. ✎ Ich habe es gesehen, aber nicht unbedingt von Anfang bis Ende beobachtet.
go come	Ziel einer Handlung The sheep *came* <u>to see</u> if I had food for them.	Aktivität I often *go* <u>walking</u> in the countryside.

BILDUNG

Bei der Bildung des *Present Participle* gibt es ein paar Besonderheiten zu beachten (siehe Besonderheiten beim Anhängen von *ing*, Seite 32).

PAST PARTICIPLE

VERWENDUNG

Das *Past Participle* ist die 3. Verbform in den Tabellen für unregelmäßige Verben. Diese Form verwenden wir:

» bei den Perfekt-Zeiten
  Beispiel: They had <u>eaten</u> so much grass.

» bei den Passiv-Formen
  Beispiel: They were <u>left</u> on the meadow by the farmer.

» als Adjektiv
  Beispiel: They were only <u>interested</u> in grazing.

» beim Umwandeln von Passivsätzen in Partizipialsätze (siehe Seite 138)
  Beispiel: The sheep were called by me. They slowly came over to me.
  → <u>Called</u> by me, the sheep slowly came over to me.

BILDUNG

Die Formen für unregelmäßige Verben stehen in der 3. Spalte der Verbtabellen (ab Seite 146). Regelmäßige Verben bilden das *Past Participle* durch Anhängen von *ed*, dabei gibt es jedoch ein paar Besonderheiten zu beachten (siehe Besonderheiten beim Anhängen von *ed*, Seite 33).

PERFECT PARTICIPLE

VERWENDUNG

Das *Perfect Participle* verwenden wir, um Sätze in Partizipialsätze umzuwandeln, wenn …

» … die Handlung bereits abgeschlossen ist, bevor die andere Handlung eintritt.

Beispiel: They were full up because *they had eaten so much grass.*
→ Having eaten so much grass, they were full up.

» … die Handlung über einen längeren Zeitraum bis zu einer anderen Handlung stattfindet.

Beispiel: *They had been running around on the meadow all day long* so that they were tired.
→ Having run around on the meadow all day long, they were tired.

BILDUNG

Das *Perfect Participle* kann sowohl im Aktiv als auch im Passiv verwendet werden.

» Im Aktiv bilden wir das *Perfect Participle* mit *having + Past Participle.*

Beispiel: Having run around on the meadow all day, the sheep were tired.

» Im Passiv bilden wir das *Perfect Participle* mit *having been + Past Participle.*

Beispiel: Having been left on the meadow by the farmer, the sheep ran around all day.

PHRASAL VERBS

Phrasal Verbs sind Verben plus Partikel. Sie unterscheiden sich in ihrer Bedeutung oft völlig vom eigentlichen Verb. Man kann *Phrasal Verbs* im Deutschen in etwa vergleichen mit den trennbaren/nicht trennbaren Verben, die durch bestimmte Vorsilben ebenfalls eine andere Bedeutung erhalten (*kommen – ankommen, bekommen, entkommen*).

 BEISPIEL

Norman is <u>going through</u> hard times at the moment. His girlfriend <u>broke up</u> with him last week. He always thought they <u>got on</u> well. But now he has to <u>get by without</u> her.

Well, somehow he has to <u>put up with</u> the situation. Life <u>goes on</u>.

VERWENDUNG

Phrasal Verbs müssen wir lernen wie andere Vokabeln auch. Es gibt keine Regeln, welche Bedeutung ein Verb durch einen bestimmten Partikel erhält – da helfen nur ein gutes Wörterbuch und das Gedächtnis.

Beispiel: go through – durchmachen
Norman is <u>going through</u> hard times at the moment.

get by without – ohne zurechtkommen
He has to <u>get by without</u> her.

Für viele *Phrasal Verbs* gibt es ein einfaches Verb, mit dem wir das Gleiche ausdrücken können. Diese einzelnen Verben klingen aber meist sehr förmlich und werden eher in geschriebenen formellen Situationen verwendet.

Beispiel: His girlfriend <u>broke up</u> with him last week.
→ His girlfriend <u>ended</u> their relationship last week.

He always thought they <u>got on</u> well.
→ He always thought they <u>were on good terms</u>.

Somehow he has to <u>put up with</u> the situation. Life <u>goes on</u>.
→ Somehow he has to <u>accept</u> the situation. Life <u>continues</u>.

> **INFO**
>
> Es gibt trennbare und nicht trennbare *Phrasal Verbs*. Bei nicht trennbaren *Phrasal Verbs* steht der Partikel immer direkt hinter dem Verb.
>
> *Beispiel:* He <u>fell for</u> his girlfriend./He <u>fell for</u> her.
> (*nicht:* ~~He fell his girlfriend for./He fell her for.~~)
>
> Bei trennbaren *Phrasal Verbs* kann der Partikel auch hinter dem Objekt stehen (ist das Objekt ein Pronomen, muss er sogar dahinter stehen).
>
> *Beispiel:* She <u>threw away</u> his love letters./
> She <u>threw</u> his love letters <u>away</u>.
> She <u>threw</u> them <u>away</u>. (*nicht:* ~~She threw away them.~~)
>
> Wann ein *Phrasal Verb* trennbar ist und wann nicht, müssen wir für jedes Verb lernen oder nachschlagen.

EINIGE BEISPIELE FÜR PHRASAL VERBS

break	
break down	kaputtgehen (Auto), zusammenbrechen
break out	ausbrechen
break up with sb	Schluss machen mit

fall	
fall apart	auseinanderfallen
fall for sb	verliebt sein in, hereinfallen auf
fall out	sich streiten

get	
get by without	ohne klarkommen
get in/out of	ein-/aussteigen (Auto, Taxi)
get on/off	ein-/aussteigen (Bus, Bahn usw.)
get on	sich verstehen
get up	aufstehen

go	
go away	weggehen
go for	abholen
go on	weitermachen
go out	ausgehen, rausgehen
go through	durchleben

look	
look after	sich kümmern um
look for	suchen
look forward to	sich freuen auf
look up	nachschlagen (Wort)

put	
put forward	Uhr vorstellen, vorschlagen
put out	löschen (Feuer, Licht)
put through	verbinden (Telefon)
put up with	sich abfinden mit

Passiv

Mit dem Passiv betonen wir, was passiert. Wer/Was aber die Handlung ausführt, ist unwichtig, unbekannt oder wird als allgemein bekannt vorausgesetzt.

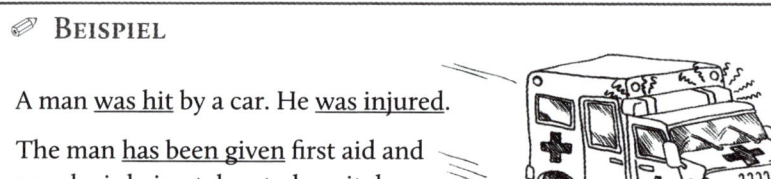

> ✎ **Beispiel**
>
> A man <u>was hit</u> by a car. He <u>was injured</u>.
>
> The man <u>has been given</u> first aid and now he <u>is being taken</u> to hospital.

Verwendung

Die Handlung wird betont. Wer für die Handlung verantwortlich ist, steht dagegen nicht im Vordergrund.

Beispiel: A man <u>was hit</u> by a car.
He <u>was injured</u>.
The man <u>has been given</u> first aid and now he <u>is being taken</u> to hospital.

Bildung

Subjekt + Form von *be* + *Past Participle*

Zeitform	Beispielsatz
Simple Present	The man <u>is taken</u> to hospital.
Present Progressive	The man <u>is being taken</u> to hospital.
Present Perfect	The man <u>has been taken</u> to hospital.
Simple Past	The man <u>was taken</u> to hospital.
Past Progressive	The man <u>was being taken</u> to hospital.
Past Perfect	The man <u>had been taken</u> to hospital.
Future I	The man <u>will be taken</u> to hospital.
Future II	The man <u>will have been taken</u> to hospital.
Conditional I	The man <u>would be taken</u> to hospital.
Conditional II	The man <u>would have been taken</u> to hospital.

UMWANDLUNG VON AKTIV IN PASSIV

Bei der Umwandlung von Aktiv in Passiv geschieht Folgendes:

» Akkusativobjekt aus Aktivsatz wird Subjekt im Passivsatz
» Subjekt aus Aktivsatz entfällt oder wird mit *by* ans Satzende gesetzt
» *be* wird als Hilfsverb in der konjugierten Form verwendet
» das eigentliche Verb steht im *Past Participle*

	Subjekt	Verb	Objekt
Aktiv	A car	hit	the man.
Passiv	The man	was hit	(by a car).

BEISPIEL FÜR ALLE ZEITFORMEN

Zeit	Aktiv	Passiv
Simple Present	Someone <u>injures</u> the man.	The man <u>is injured</u> (by someone).
Present Progressive	Someone <u>is injuring</u> the man.	The man <u>is being injured</u> (by someone).
Present Perfect	Someone <u>has injured</u> the man.	The man <u>has been injured</u> (by someone).
Simple Past	Someone <u>injured</u> the man.	The man <u>was injured</u> (by someone).
Past Progressive	Someone <u>was injuring</u> the man.	The man <u>was being injured</u> (by someone).
Past Perfect	Someone <u>had injured</u> the man.	The man <u>had been injured</u> (by someone).
Future I	Someone <u>will injure</u> the man.	The man <u>will be injured</u> (by someone).
Future II	Someone <u>will have injured</u> the man.	The man <u>will have been injured</u> (by someone).
Conditional I	Someone <u>would injure</u> the man.	The man <u>would be injured</u> (by someone).
Conditional II	Someone <u>would have injured</u> the man.	The man <u>would have been injured</u> (by someone).

INFO

Die Zeitformen *Present Perfect Progressive* und *Past Perfect Progressive* gibt es im Passiv nicht. Wir verwenden hier einfach die normalen Formen von *Present Perfect* bzw. *Past Perfect*.

PERSONAL/IMPERSONAL PASSIVE

PERSONAL PASSIVE

Bei Aktivsätzen mit zwei Objekten (direktes und indirektes Objekt) kann im Englischen jedes der beiden Objekte zum Subjekt werden.

Das indirekte Objekt ist im Normalfall eine Person. Wandeln wir dieses Objekt in ein Subjekt um, spricht man im Englischunterricht daher oft vom persönlichen Passiv (englisch: *personal passive*).

Bei der Bildung müssen wir Folgendes beachten: Wird für die Person ein Pronomen verwendet, ersetzen wir es im *Personal Passive* durch die Grundform im Nominativ (im Deutschen verwenden wir trotzdem Dativ).

Aktiv: Someone has given first aid to <u>him</u>./
Someone has given <u>him</u> first aid.

✎ *Jemand leistete <u>ihm</u> erste Hilfe.*

Passiv: <u>He</u> has been given first aid.

✎ *<u>Ihm</u> wurde erste Hilfe geleistet.*

me → I	him → he	us → we
you → you	her → she	them → they

Beispiel für Passiv mit indirektem/direktem Objekt als Subjekt

	Subjekt	Verbform	direktes Objekt	indirektes Objekt
Aktiv	Someone	has given	first aid	to him.
Passiv (ind. Obj. → Subjekt)	He	has been given	first aid.	
Passiv (dir. Obj. → Subjekt)	First aid	has been given		to him.

IMPERSONAL PASSIVE

Mit Verben des Sagens und Denkens leiten wir oft Nebensätze ein, die dann die Position des Objektes übernehmen. Zu diesen Verben gehören:

Englisch	Deutsch	Englisch	Deutsch
agree	sich einig sein	feel	fühlen
announce	verkünden	find	finden
assume	davon ausgehen	know	wissen
believe	glauben	mention	erwähnen
claim	behaupten	say	sagen
consider	für etwas halten	suppose	vermuten
declare	bekanntgeben	think	denken
expect	erwarten	understand	verstehen

Kommen diese Verben in einleitenden Sätzen vor, können wir sie (genau wie im Deutschen) im Passiv wiedergeben. Wir benötigen dann als Subjekt aber eine unpersönliche Form, deshalb heißt diese Passivform unpersönliches Passiv (englisch: *impersonal passive*). Oft nehmen wir für die unpersönliche Form das Pronomen *it*.

> *Beispiel:* People <u>say</u> (that) this corner is an accident black spot.
> → *It* <u>is said</u> that this corner is an accident black spot.

Anders als im Deutschen können wir im Englischen aber auch das Subjekt des Nebensatzes zum Subjekt des Passivsatzes machen. Der Nebensatz wird dann als Infinitivkonstruktion angehängt.

> *Beispiel:* They <u>say</u> (that) *this corner* is an accident black spot.
> → *This corner* <u>is said to be</u> an accident black spot.

INFO

Das *unpersönliche Passiv* ist im Englischen auf die Verben des Sagens/ Denkens beschränkt. Andere Sätze, die im Deutschen als unpersönliches Passiv üblich sind, funktionieren im Englischen nicht und müssen anders wiedergegeben werden.

> *Beispiel:* Es wird hier oft zu schnell gefahren./
> Hier wird oft zu schnell gefahren.
> → People often drive too fast here.

IMPERATIV

Imperativ verwenden wir für Aufforderungen und Befehle, bei denen wir eine oder mehrere Personen persönlich ansprechen.

✎ **BEISPIEL**

Passenger: <u>Stop</u>! Could you take me to the station, please?

Taxi driver: Of course. <u>Get in</u> and <u>fasten</u> your seatbelt!

Passenger: <u>Don't drive</u> too fast, please! I get sick easily.

Taxi driver: <u>Don't be</u> silly. I can't drive fast in the rush hour traffic! And please <u>don't be</u> sick in my taxi!

VERWENDUNG

Mit dem Imperativ fordern wir jemanden auf, etwas zu tun oder nicht zu tun.

Beispiel: Stop!
Get in!
Don't drive too fast!

INFO

Im Deutschen ist es ganz normal, auch für Bitten den Imperativ zu verwenden. Damit klingen wir im Englischen aber recht herrisch und unhöflich. Wenn wir jemanden bitten, etwas zu tun, sollten wir im Englischen anstelle des Imperativs lieber eine Frage nehmen.

Beispiel: Could you take me to the station, please?
~~Take me to the station, please!~~

BILDUNG

Für den Imperativ nehmen wir einfach die Grundform des Verbs (ohne *to*). Da wir für *du/ihr/Sie* im Englischen immer *you* verwenden, werden die drei deutschen Formen alle gleich übersetzt.

Beispiel: to stop → <u>Stop</u>!
to get in → <u>Get in</u>!
to fasten the seatbelt → <u>Fasten</u> your seatbelt!

NEGATIVE FORM

Wollen wir jemanden auffordern, etwas nicht zu tun, verwenden wir *do not* vor dem Verb. Meist nehmen wir die Kurzform *don't*.

Beispiel: <u>Don't</u> drive too fast!
<u>Don't be</u> sick in my taxi!

Das Hilfsverb *do* verwenden wir auch, wenn das Vollverb *be* ist.

Beispiel: <u>Don't be</u> silly! I can't drive fast in the rush hour traffic.

SUBJUNCTIVE

Subjunctive finden wir in festen Wendungen und gelegentlich in Texten gehobener Standardsprache (vor allem in amerikanischem Englisch).

BILDUNG

Im *Subjunctive* steht das Verb immer in der Grundform. Das heißt, in der 3. Person Singular wird kein *s* angehängt und das Verb *be* wird nicht gebeugt.

> *Beispiel:*   I recommend that she <u>be</u> employed.

Für den *Volitional Subjunctive* verwenden wir (außer bei *be*) die ganz normale Vergangenheitsform (siehe *Volitional Subjunctive*).

> *Beispiel:*   he *spoke* English – I wish he <u>spoke</u> English.

VERWENDUNG

FORMULAIC SUBJUNCTIVE

Formulaic Subjunctive steht in bestimmten festen Wendungen.

> *Beispiel:*   God <u>save</u> the Queen!
> Long <u>live</u> the King!
> <u>Be</u> that as it may.

VOLITIONAL SUBJUNCTIVE

Der *Volitional Subjunctive* kommt bei sogenannten irrealen Wünschen und Hoffnungen zum Einsatz. Er wird mit der Vergangenheitsform des *Subjunctive* ausgedrückt und entspricht bei allen Verben (außer *be*) der normalen Vergangenheitsform des Verbs (= Indikativ).

> *Beispiel:*   I wish I <u>had</u> a million dollars.

Die Vergangenheitsform für das Verb *be* im *Subjunctive* lautet *were* (diese Form wird auch bei den *If*-Sätzen Typ II verwendet).

> *Beispiel:*   I wish I <u>were</u> a millionaire.
> If I <u>were</u> you, I would not start smoking.

MANDATIVE SUBJUNCTIVE

Mit dem *Mandative Subjunctive* drücken wir aus, dass etwas getan werden muss. Den *Mandative Subjunctive* verwenden wir in *that*-Sätzen nach bestimmten Verben (z. B. *demand, insist, recommend, suggest*) oder Adjektiven (z. B. *essential, important, vital*).

> *Beispiel:* People *demand* that the troops <u>be</u> withdrawn.
> It is *important* that everyone <u>register</u>.

Da diese Sätze sehr förmlich klingen, bevorzugt man statt *Subjunctive* oft eine Indikativform mit Hilfsverb.

> *Beispiel:* People *demand* that the troops <u>should be</u> withdrawn.

Wenn die Forderung ohne Hilfsverb genauso deutlich wird, können wir das Verb auch ganz normal im Indikativ verwenden.

> *Beispiel:* People *demand* that the troops <u>are</u> withdrawn.
> It is *important* that everyone <u>registers</u>.

Im folgenden Beispiel ändert sich aber der Inhalt der Aussage, wenn wir statt *Subjunctive* den *Indikativ* nehmen:

Beispiel: She *insisted* that he <u>be</u> present. (*Subjunctive*)
> ✎ Forderung, dass jemand anwesend sein soll

> She insisted that he <u>was</u> present. (*Indikativ*)
> ✎ Feststellung/Behauptung, dass jemand anwesend war (Vergangenheit)

INFO

Für *Mandative Subjunctive* verwenden wir immer die Infinitivform des Verbs, auch wenn es sich um eine Situation in der Vergangenheit handelt. Die Verneinung wird ohne Hilfsverb *do* gebildet.

> *Beispiel:* She *insisted* that he <u>not be</u> present.
> She insisted that he <u>not come</u> to the meeting.

ARTIKEL

Im Englischen verwenden wir Nomen meist mit Artikel (genau wie im Deutschen). Es gibt im Englischen jedoch nur zwei Artikel: den unbestimmten Artikel *a* und den bestimmten Artikel *the*.

 **BEISPIEL**

Ms Smith is <u>a</u> businesswoman. She is in <u>a</u> hotel room. There is <u>a</u> bed, <u>a</u> carpet and <u>a</u> bedside table in <u>the</u> room. On <u>the</u> bedside table there is <u>a</u> bedside lamp.

Ms Smith has got two pieces of luggage: <u>a</u> suitcase and <u>a</u> handbag. <u>The</u> suitcase is very heavy.

UNBESTIMMTER ARTIKEL

Der unbestimmte Artikel im Englischen ist *a*. Wir verwenden ihn:

» wenn wir von etwas sprechen, das nicht näher bestimmt ist

Beispiel: Ms Smith is in <u>a</u> hotel room.

✎ Es wird nicht näher erklärt, in welchem Hotelzimmer sie sich befindet.

» wenn wir in einem Text etwas zum ersten Mal erwähnen (einleitend)

Beispiel: There is <u>a</u> bed, <u>a</u> carpet and <u>a</u> bedside table.
Ms Smith has got two pieces of luggage: <u>a</u> suitcase and <u>a</u> handbag.

» bei Berufen

Beispiel: Ms Smith is <u>a</u> businesswoman.

BEACHTE

Vor Vokal oder stummem *h* verwenden nicht *a*, sondern <u>an</u>:

Beispiel: <u>an</u> apple (*nicht*: ~~a apple~~)/<u>an</u> hour (*nicht*: ~~a hour~~)

Ein *u* am Wortanfang kann aber [ʌ] oder [ju] ausgesprochen werden. Bei Aussprache [ʌ] verwenden wir <u>an</u>, bei Aussprache [ju] nehmen wir <u>a</u>:

Beispiel: <u>an</u> umbrella (*aber:* <u>a</u> university)

BESTIMMTER ARTIKEL

Der bestimmte Artikel im Englischen ist *the*. Wir verwenden ihn:

» wenn wir von etwas Bestimmtem sprechen

Beispiel: There is a bed, a carpet and a bedside table in <u>the room</u>.

✎ ein bestimmter Raum, nämlich der, in dem sie sich befindet

» wenn wir etwas bereits erwähnt haben oder es als bekannt voraussetzen

Beispiel: Ms Smith has got two pieces of luggage: *a suitcase* and a hand-bag. <u>The</u> *suitcase* is very heavy.

KEIN ARTIKEL

Wir verwenden normalerweise keinen Artikel für:

» Nomen im Plural, wenn sie für Personen/Dinge im Allgemeinen stehen (*aber:* für bestimmte Personen/Dinge verwenden wir einen Artikel)

Beispiel: <u>Businesswomen</u> travel a lot.

(*aber:* <u>The businesswomen</u> that I know travel a lot.)

<u>Hotels</u> are very expensive.

(*aber:* <u>The hotels</u> in this area are affordable.)

» Namen von Städten, Straßen, Plätzen, Parks

Beispiel: Ms Smith is in <u>Dublin</u>. Her hotel is in <u>Merrion Street</u> between <u>Fitzwilliam Square</u> and <u>Merrion Park</u>.

» Ländernamen (außer Bezeichnungen mit *Kingdom, Republic, State, Union*)

Beispiel: Dublin is in <u>Ireland</u>.

(*aber:* Miami is in <u>the United States</u>.)

» Namen von Kontinenten

Beispiel: Ireland is a country in <u>Europe</u>.

» Wochentage, Monatsnamen (außer bei näherer Erläuterung)

Beispiel: She travelled to Ireland in <u>May</u>. She arrived on <u>Monday</u>.

(*aber:* She arrived on <u>a rainy Monday</u>.)

» Zeitangaben mit *next/last*

Beispiel: She left last <u>Monday</u> and is coming back next <u>Wednesday</u>.

» Mahlzeiten

   Beispiel: The hotel serves <u>breakfast</u> between 8 and 10 o'clock.

» Sprachkenntnisse

   Beispiel: Ms Smith speaks <u>English</u>.

» Institutionen wie Schule, Uni, Krankenhaus, Gefängnis (aber nicht, wenn ein spezielles Gebäude gemeint ist)

   Beispiel: The children go to <u>school</u>.
   (*aber:* Her son and my daughter go to the same school.)

» in bestimmten Wendungen mit *bed, class, home, work*

   Beispiel: go to bed
   be in class
   after work
   come home

» Materialien/Stoffe (z. B. Papier, Holz, Wasser, Milch, Eisen), jedoch nur in einem allgemeinen Kontext (Sprechen wir von etwas Konkretem, muss ein Artikel stehen.)

   Beispiel: <u>Paper</u> is made of <u>wood</u>.
   We need to buy <u>milk</u>.
   (*aber:* Where is <u>the paper</u> for the printer?)

» Wendungen mit *go by* + Transportmittel

   Beispiel: Did she get to the hotel by <u>bus</u> or by <u>taxi</u>?

» Wendungen mit *play* + Sportart

   Beispiel: Ms Smith plays <u>tennis</u>.

BEACHTE

Anders als im Deutschen werden im Englischen Fähigkeiten, ein Instrument zu spielen, immer mit dem bestimmten Artikel angegeben.

   Beispiel: Ich spiele Gitarre. – I play <u>the</u> guitar.
   Spielst du Klavier? – Do you play <u>the</u> piano?

GENITIV

Besitz oder Zugehörigkeit drücken wir im Englischen oft mit dem Genitiv-*s* oder der Präposition *of* aus.

> BEISPIEL
>
>
>
> This is Jim's budgie. The budgie's name is Nibbles. Nibbles's feathers are green. Jim keeps Nibbles in his room so that his parents' cat cannot reach him.
>
> In a week's time Jim is going on holiday to England's south coast and I am looking after Nibbles.
>
> Nibbles has a funny habit: when you open the door of his cage, he starts whistling a children's song.

GENITIV-*S* IM SINGULAR

Bei Zugehörigkeit zu einer Person/einem Tier/einem Land verwenden wir *'s*.

Beispiel: This is *Jim's* budgie. The *budgie's* name is Nibbles.
Jim is going on holiday to *England's* south coast.

Wir hängen auch Genitiv-*s* an, wenn das Nomen bereits auf *s* endet.

Beispiel: *Nibbles's* feathers are green.

Auch bei Zeitausdrücken verwenden wir *'s*.

Beispiel: in a *week's* time

GENITIV-*S* IM PLURAL

Im Plural verwenden wir das Genitiv-*s* nur bei unregelmäßigen Pluralformen. Bei der normalen Pluralendung *s* hängen wir nur einen Apostroph an.

Beispiel: He can whistle *children's* songs.
aber: his *parents'* cat/a two *weeks'* holiday

GENITIV MIT OF

Den Genitiv mit *of* verwenden wir meist für unbelebte Dinge.

Beispiel: When you open the door *of his cage*, …

PLURAL

Die Pluralbildung ist im Englischen einfacher als im Deutschen – normalerweise hängen wir einfach *s* an. Es gibt aber ein paar Ausnahmen.

 **BEISPIEL**

the banknote<u>s</u>

the coin<u>s</u>

BILDUNG

» Die meisten Nomen bilden den Plural durch Anhängen von <u>s</u>.

Beispiel: a car – two car<u>s</u>

BESONDERHEITEN

» Endet das Nomen auf einem Zischlaut (*s, ch, x, z*), hängen wir <u>es</u> an.

Beispiel: a box – two box<u>es</u>

» Endet das Nomen auf einem Konsonanten + *y*, wird beim Anhängen von *s* das *y* zu <u>ie</u>.

Beispiel: a city – two cit<u>ies</u>

aber: y nach Vokal bleibt!

Beispiel: a boy – two boy<u>s</u>

» Endet das Nomen auf *o*, hängen wir <u>es</u> an (außer bei technischen Dingen und Musik: *radio, video, disco*).

Beispiel: a tomato – two tomato<u>es</u>
(aber: a radio – two radio<u>s</u>)

» Bei vielen Nomen auf *f* oder *fe*, wird *f* zu <u>v</u>, und wir hängen <u>es</u> an.

Beispiel: a wolf – two wol<u>ves</u>
a knife – two kni<u>ves</u>
a wife – two wi<u>ves</u>
(*aber z. B.*: a roof – two roofs)

UNREGELMÄSSIGE PLURALENDUNG

Einige Nomen haben besondere Pluralformen, die wir auswendig lernen müssen. Dies betrifft zum Beispiel die folgenden häufig verwendeten Nomen:

> *Beispiel:*   a child – two children
> a foot – two feet
> a man/woman – two men/women
> a mouse – two mice
> a person – two people

KEINE PLURALENDUNG

Einige Nomen haben im Plural dieselbe Form wie im Singular. Das betrifft zum Beispiel:

» einige Nomen, die im Singular auf *s* enden

> *Beispiel:*   a species – two species

» Transportmittel, die auf *craft* enden

> *Beispiel:*   an aircraft – two aircraft

» bestimmte Tiere (z. B. *deer, fish, salmon, sheep, trout*)

> *Beispiel:*   a sheep – two sheep

COUNTABLE/UNCOUNTABLE NOUNS

ZÄHLBARE/NICHT ZÄHLBARE NOMEN

COUNTABLE NOUNS

Die meisten Nomen können wir im Singular und Plural verwenden. Wir nennen sie im Englischen *Countable Nouns* (zählbare Nomen), weil wir eine Zahl davorsetzen können.

> *Beispiel:*   one banknote, two banknote<u>s</u>
> one coin, two coin<u>s</u>

UNCOUNTABLE NOUNS

Es gibt aber einige Nomen, die nicht zählbar sind. Diese heißen im Englischen *Uncountable Nouns*.

» Einige *Uncountable Nouns* verwenden wir normalerweise nur im Singular (das Verb steht in der 3. Person Singular). Dazu gehören zum Beispiel: *advice, bread, chewing gum, equipment, furniture, grass, information, knowledge, luck, luggage, money, milk, news, poetry, progress, research, rice, traffic, travel, weather, work*

> *Beispiel:*   <u>Money</u> *makes* the world go round.
> (*nicht:* ~~one money, two moneys~~)
>
> The <u>milk</u> *has* gone sour.
> (one bottle of milk, two bottles …, *nicht:* ~~one milk, two milks~~)

» *Plural Uncountables* verwenden wir nur im Plural (das Verb steht in der 3. Person Plural). Zu den *Plural Uncountables* gehören zum Beispiel: *clothes, groceries, remains, thanks*

> *Beispiel:*   clothes – His <u>clothes</u> *are* too big.
> (*nicht:* ~~one clothe, two clothes~~)
>
> groceries – The <u>groceries</u> *were* very expensive.
> (*nicht:* ~~one grocery, two groceries~~)

BEACHTE

Einige Nomen, die im Englischen zu den *Uncountable Nouns* gehören, sind im Deutschen zählbar (z. B. *information*). Das führt häufig zu Fehlern.

Beispiel: Ich brauche eine Information. = I need (some) infomation.
(*nicht:* ~~I need an information.~~)

COLLECTIVE NOUNS

Collective Nouns sind Kollektivnamen, mit denen wir alle Mitglieder einer Gruppe bezeichnen, zum Beispiel: *audience, band, choir, class, company, crew, family, government, group, party, police*

> *Beispiel:*   a class
>> ✎ beschreibt alle Schüler, die in dieser Gemeinschaft lernen

Im Zusammenhang mit *Collective Nouns* kann das Verb im Singular oder Plural stehen (Ausnahme: *police*, siehe unten)

» Soll die Einheit im Vordergrund stehen (in unpersönlichen Wendungen), verwenden wir das Verb im Singular.

> *Beispiel:*   The class <u>has</u> 25 students.
>> ✎ die Klasse als Einheit

» Liegt aber die Betonung auf den einzelnen Mitgliedern dieser Gemeinschaft, verwenden wir das Verb im Plural.

> *Beispiel:*   The class <u>have</u> just performed a song.
>> ✎ Die Schüler der Klasse haben das Lied präsentiert.

» Im amerikanischen Englisch werden *Collective Nouns* fast immer mit dem Verb im Singular verwendet. Will man die Betonung auf die einzelnen Mitglieder der Gruppe richten, erwähnt man sie.

> *Beispiel:*   The students of the class have just performed a song

---

BEACHTE

Im Zusammenhang mit *police* verwenden wir das Verb immer im Plural.

> *Beispiel:*   The police have caught the thief.
>   (*nicht:* ~~The police has caught the thief.~~)

PERSONALPRONOMEN

Personalpronomen ersetzen bereits genannte Nomen. Sie können als Subjekt oder Objekt verwendet werden.

> ✎ **BEISPIEL**
>
> I've got a girlfriend. <u>She</u>'s very nice and <u>I</u> love <u>her</u> very much. <u>I</u>'ve also got a guitar and I'd like to play a song on it for <u>her</u> right now:
>
> *Although <u>it</u>'s raining, <u>you</u> make me feel so good.*
> *Yeah, yeah!*
> *Girl, <u>we</u>'re the perfect couple.*
> *Do <u>you</u> love <u>me</u> as much as <u>I</u> love <u>you</u>? Yeah, yeah!*

VERWENDUNG

» Personalpronomen in der 3. Person ersetzen ein vorher genanntes Nomen.
  Beispiel: I have got a *girlfriend*. <u>She</u> is very nice and I love <u>her</u> very much.

» Das Pronomen *it* kann auch für unpersönliche Formen stehen.
  Beispiel: <u>It</u> is raining.

» Die 1. Person verwenden wir, wenn wir über uns selbst sprechen.
  Beispiel: <u>I</u> have got a girlfriend. <u>We</u> are the perfect couple.

» Die 2. Person (*you*) verwenden wir, wenn wir andere Personen ansprechen.
  Beispiel: Do <u>you</u> love me as much as I love <u>you</u>?

PERSONALPRONOMEN ALS SUBJEKT ODER OBJEKT

Wir unterscheiden zwischen Subjektpronomen und Objektpronomen.

	Singular					Plural		
	1. Pers.	2. Pers.	3. Person			1. Pers.	2. Pers.	3. Pers.
Subjekt	I	you	he	she	it	we	you	they
Objekt	me	you	him	her	it	us	you	them

» Das Subjekt ist normalerweise, wer/was die Handlung ausführt.
  Beispiel: <u>I</u> would like to play a song. <u>You</u> make me feel so good.

» Das Objekt ist, für wen/was die Handlung bestimmt ist. Das Objektpronomen verwenden wir oft auch nach einer Präposition (hier: *on, for*).
  Beispiel: I love <u>her</u>. I would like to play a song *on* <u>it</u> *for* <u>her</u> right now.

Possessivpronomen

Possessivpronomen geben eine Zugehörigkeit bzw. einen Besitz an.

 Beispiel

My name's Polly and I'm looking for my hat. My dad says there's one in the wardrobe, but it's his, not mine. My mum has also got a hat. Look! The dog's wearing hers.

Verwendung

Possessivpronomen zeigen Besitz/Zugehörigkeit an. Wir können Possessivpronomen mit „Wessen?" erfragen.

Beispiel: My name is Polly and I am looking for my hat.

✎ Polly's name/hat

Possessivpronomen als Begleiter oder Ersatz

Possessivpronomen können ein Nomen begleiten oder ersetzen.

	Singular					Plural		
	1. Pers.	2. Pers.	3. Person			1. Pers.	2. Pers.	3. Pers.
Begleiter	my	your	his	her	its	our	your	their
Ersatz	mine	yours	his	hers	its	ours	yours	theirs

» Possessivpronomen als Begleiter (attributive Possessivpronomen) stehen vor einem Nomen.

Beispiel: I am looking for my *hat.*
My *mum* has also got a hat.

» Possessivpronomen als Ersatz (substantivische Possessivpronomen) stehen allein, ohne Nomen.

Beispiel: My dad says there is one in the wardrobe, but it is his, not mine.
My mum also has a hat. Look! The dog is wearing hers.

REFLEXIVPRONOMEN

Reflexivpronomen beziehen sich auf das Subjekt. Wir verwenden sie im Sinne von *selbst* oder *sich selbst*.

 BEISPIEL

Larry is a small boy, but he can already dress <u>himself</u>.

There is a mirror in his room. He hung it up <u>himself</u>, with a little help from his dad.

He often looks at <u>himself</u> in the mirror and likes talking to <u>himself</u>.

VERWENDUNG

Wir verwenden Reflexivpronomen, wenn Subjekt und Objekt dieselbe Person sind (im Sinne von *sich*).

Beispiel: He often looks at <u>himself</u> in the mirror and likes talking to <u>himself</u>.

✎ Subjekt und Objekt sind hier dieselbe Person. Er könnte nämlich auch jemand anderen anschauen und mit jemand anderem reden.
Beispiel: He often looks at his dad and likes talking to him.

Außerdem verwenden wir im Englischen Reflexivpronomen, wenn wir ausdrücken wollen, dass jemand etwas ohne fremde Hilfe (selbst) gemacht hat.

Beispiel: Larry is a small boy, but he can already dress <u>himself</u>.

There is a mirror in his room. He hung it up <u>himself</u>, with a little help from his dad.

LISTE DER REFLEXIVPRONOMEN

Singular					Plural		
1. Pers.	2. Pers.	3. Person			1. Pers.	2. Pers.	3. Pers.
myself	yourself	himself	herself	itself	ourselves	yourselves	themselves

BEACHTE

Im Singular bilden wir die Reflexivpronomen mit *-self*, im Plural mit *-selves*.

Beispiel: I can see <u>myself</u> in the mirror.
We can see <u>ourselves</u> in the mirror.

Bei der 2. Person müssen wir unterscheiden, ob wir eine oder mehrere Personen meinen.

Beispiel: You can be proud of <u>yourself</u>. (*eine Person*)
You can be proud of <u>yourselves</u>. (*mehrere Personen*)

✎ INFO

Im Englischen verwenden wir die Reflexivpronomen nicht im Sinne von *gegenseitig* oder *einander*,
stattdessen nehmen wir <u>each other</u>.

Beispiel: We are looking at each other.
(*nicht:* ~~We are looking at ourselves.~~)

BEACHTE

Typische reflexive Verben wie im Deutschen gibt es im Englischen nicht,
wir verwenden einfach ein normales Verb.

Beispiel: Ich kann *mich* nicht *konzentrieren.* → I cannot <u>concentrate</u>.
Ich *fühle mich* gut. → I <u>feel</u> good.

RELATIVPRONOMEN

Mit Relativpronomen leiten wir Relativsätze ein.

✏ **BEISPIEL**

Yesterday we were visited by a man <u>who</u> wanted to repair our washing machine.

The man, <u>who</u> was in a hurry, forgot to put the handbrake on. So the car, <u>which</u> was parked on a hill, slowly rolled down the street. It crashed into a traffic sign <u>that</u> stood on the street.

A woman <u>whose</u> children were playing outside called the police. Our neighbour, <u>whom</u> the woman accused, has a similar car.

RELATIVPRONOMEN

Relativ-pronomen	Verwendung	Beispiel
who	Subjekt/Objekt (Personen)	We were visited by a man <u>who</u> wanted to repair our washing machine.
which	Subjekt/Objekt (keine Personen)	The car, <u>which</u> was parked on a hill, slowly rolled down the street.
whose	Zugehörigkeit (alles)	A woman <u>whose</u> children were playing outside called the police.
whom	Objekt (Personen) nicht notwendige Relativsätze sehr förmlich (mündlich wird *who* bevorzugt)	Our neighbour, <u>whom</u> the woman accused, has a similar car. (*mündlich eher:* Our neighbour, *who* the woman accused …)
that	Subjekt/Objekt (alles) notwendige Relativsätze (auch *who/which* sind möglich)	It crashed into a traffic sign <u>that</u> stood on the street.

SUBJEKTPRONOMEN ODER OBJEKTPRONOMEN?

Die Relativpronomen *who/which/that* können ein Subjekt oder ein Objekt ersetzen. Ob es sich bei *who/which/that* um ein Subjekt- oder ein Objektpronomen handelt, erkennen wir folgendermaßen:

» Steht hinter *who/which/that* ein Verb, dann ist das Relativpronomen ein Subjektpronomen.

   Beispiel: the man <u>who</u> *was* in a hurry

                the car, <u>which</u> *was parked* on a hill

                a traffic sign <u>that</u> *stood* on the street

» Steht direkt hinter *who/which/that* aber ein Artikel, Nomen oder Pronomen, dann ist das Relativpronomen ein Objektpronomen.

   Beispiel: our neighbour, <u>who</u> *the car* belonged to

                the car, <u>which</u> *the man* had parked on a hill

                a traffic sign <u>that</u> *someone* had put on the street

RELATIVPRONOMEN MIT PRÄPOSITIONEN

Verwenden wir ein Relativpronomen mit Präposition, steht die Präposition normalerweise am Ende des Satzes.

   Beispiel: The police did not know *who* the car belonged <u>to</u>.

Wenn wir aber das sehr förmliche Relativpronomen *whom* verwenden, müssen wir die Präposition voranstellen.

   Beispiel: The police did not know <u>to</u> *whom* the car belonged.

RELATIVSÄTZE

Weitere Informationen zur Verwendung von Relativpronomen in Relativsätzen siehe Seite 130.

DEMONSTRATIVPRONOMEN

Demonstrativpronomen verwenden wir, um auf etwas Bestimmtes hinzuweisen.

✏ **BEISPIEL**

Girl: I'd like to buy a tennis racket. Mine broke <u>this</u> week and I have an important match <u>this</u> weekend. Why is <u>this</u> racket so much more expensive than <u>those</u> ones on the wall?

Shop assistant: <u>Those</u> ones over there are for beginners. <u>This</u> one here is better quality and is for advanced tennis players.

Girl: I'll take <u>this</u> one then. I had my first tennis lesson when I was five. <u>That</u> night I dreamt of being a famous tennis player, and I've been playing ever since.

VERWENDUNG

Wir verwenden *this/that* für Nomen im Singular und *these/those* für Nomen im Plural.

Beispiel: <u>this</u> tennis racket here – <u>that</u> tennis racket over there
<u>these</u> tennis racket<u>s</u> here – <u>those</u> tennis racket<u>s</u> over there

Die Demonstrativpronomen können sich dabei auf einen Ort oder eine Zeit beziehen.

ORT

Beziehen sich die Demonstrativpronomen auf einen Ort, verwenden wir *this/these* für etwas, das sich direkt beim Sprecher befindet (hier), und *that/those* für etwas, das weiter vom Sprecher entfernt ist (dort).

Beispiel: Why is <u>this</u> racket so much more expensive than <u>those</u> ones on the wall?

ZEIT

Beziehen sich die Demonstrativpronomen auf eine Zeit, verwenden wir *this/these* für einen Zeitraum, der noch nicht vergangen ist (z. B. die Woche, der Monat, das Jahr, in dem wir uns befinden). Dabei kann sich das Pronomen auf etwas beziehen, das in diesem Zeitraum bereits geschehen ist oder noch geschehen wird.

Beispiel: My tennis racket broke <u>this</u> week. *(ist schon geschehen)*
I have an important match <u>this</u> weekend. *(wird noch geschehen)*

Die Demonstrativpronomen *that/those* verwenden wir für einen Zeitraum, der bereits abgeschlossen ist (z. B. eine andere Woche, ein anderer Monat).

Beispiel: I had my first tennis lesson *when I was five*. <u>That</u> night I dreamt of being a famous tennis player.

DEMONSTRATIVPRONOMEN OHNE NOMEN

Wollen wir die Demonstrativpronomen ohne Nomen verwenden, müssen wir anstelle des Nomens *one* (Singular) bzw. *ones* (Plural) verwenden. (Im Deutschen benötigen wir hier keinen Zusatz.)

Beispiel: this/that racket → this/that <u>one</u>
This <u>one</u> here is better quality.

these/those rackets → these/those <u>ones</u>
Those <u>ones</u> over there are for beginners.

INDEFINITPRONOMEN

Zu den Indefinitpronomen gehören *something/somebody, anything/anybody, everything/everybody* und *nothing/nobody*. Wir verwenden Indefinitpronomen, wenn wir etwas verallgemeinern und nicht über etwas Konkretes sprechen.

✐ BEISPIEL

I'm lost. <u>Nothing</u> looks familiar. <u>Everything</u> looks different.

There's <u>nobody</u> in the street. I'd really like to ask <u>someone</u>. I'm sure <u>anyone</u> could help me to get back to the city centre. But there isn't <u>anyone</u> here I could ask. It seems that <u>everyone</u>'s disappeared.

I think I heard <u>something</u>. Is there <u>anyone</u> there? I'd do <u>anything</u> to get back to the city centre.

VERWENDUNG

DINGE ODER PERSONEN

Wenn wir uns auf Dinge beziehen, verwenden wir die Indefinitpronomen, die auf *-thing* enden.

   Beispiel: everything, something, anything, nothing

Bei Personen verwenden wir die Indefinitpronomen, die auf *-body* oder *-one* enden (beide Endungen haben die gleiche Bedeutung).

   Beispiel: everybody/everyone, somebody/someone, anybody/anyone, nobody/no one

Unterschied every-, some-, any-, no-

Indefinitpronomen	Verwendung	Beispiel
everything *everybody/everyone*	alles/alle zusammen, jeder Einzelne aus einer Gruppe	Everything looks different. It seems that everyone has disappeared.
something *somebody/someone*	in positiven Sätzen im Sinne von etwas/jemand	I think I heard something. I would really like to ask someone.
anything *anybody/anyone*	etwas Beliebiges, beliebige Person einer Gruppe	I would do anything to get back to the city centre. I am sure anyone could help me to get back to the city centre.
	in negativen Sätzen im Sinne von nichts/niemand	But there isn't anyone here I could ask.
	in Fragen, ob es etwas/jemanden gibt	Is there anyone there?
nothing *nobody/no one*	gar nichts/gar keiner	Nothing looks familiar. There is nobody in the street.

NICHTS/NIEMAND

Als Übersetzung für *nichts/niemand* können wir im Englischen die Indefinit-pronomen *nothing/nobody* oder *not* + *anything/anybody/anyone* verwenden.

Beispiel: <u>Nothing</u> looks familiar.
I do <u>not</u> see <u>anything</u> that looks familiar.

There is <u>nobody</u> here I could ask.
There is<u>n't anybody</u> here I could ask.

JEDER/ALLES

Ob wir *jeder/alles* im Englischen mit *any-* oder *every-* übersetzen müssen, hängt davon ab, ob wir im wörtlichen Sinne wirklich alle(s) meinen oder einfach irgendjemanden/irgendetwas aus einer Gruppe.

Meinen wir irgendjemanden/irgendetwas aus einer Gruppe, nehmen wir *any-*. Als Eselsbrücke können wir uns verschiedene Dinge/Personen vorstellen und setzen ein *oder* dazwischen.

Beispiel: <u>Anyone</u> could help me: the man *or* the woman *or* the child *or* the old lady.

I will do <u>anything</u> if you help me: I will give you money *or* I will help you do the washing up *or* I will go to the cinema with you.

Meinen wir aber *alle(s) zusammen*, nehmen wir *every-*. Als Eselsbrücke können wir uns verschiedene Dinge/Personen vorstellen und setzen ein *und* dazwischen.

Beispiel: <u>Everyone</u> has disappeared: the man *and* the woman *and* the child *and* the old lady.

I will do <u>everything</u> if you help me: I will give you money *and* I will help you do the washing up *and* I will go to the cinema with you.

INDEFINITPRONOMEN + THEY

Die Indefinitpronomen auf *-body/-one* stehen für eine Person. Ersetzen wir solch ein Indefinitpronomen an anderer Stelle durch ein Personalpronomen oder Possessivpronomen, verwenden wir im Englischen *they, them, their*.

Beispiel: I would really like to ask <u>someone</u> if <u>they</u> knew the way.

              <u>Everybody</u> should know <u>their</u> way home.

Die Indefinitpronomen auf *-thing* hingegen beziehen sich nicht auf eine Person und werden deshalb einfach durch das Pronomen *it* ersetzt.

Beispiel: <u>Nothing</u> looks the way <u>it</u> used to.

ALLGEMEINES

Deutsche Adjektive können wir im Englischen durch Adjektive oder Adverbien wiedergeben. Auf diesen Seiten erklären wir, worin sich Adjektive und Adverbien unterscheiden und wie sie gesteigert werden.

ADJEKTIVE

Im Englischen verwenden wir Adjektive, um Nomen zu beschreiben. Sie drücken aus, wie jemand oder etwas ist.

 BEISPIEL

This clown's <u>funny</u>. He's the <u>funniest</u> clown I've ever seen.

The clown's got a <u>big</u> nose. His nose is much <u>bigger</u> than mine.

VERWENDUNG

Adjektive beschreiben Nomen.

Beispiel: This clown is <u>funny</u>.
The clown has got a <u>big</u> nose.

Adjektive können gesteigert werden.

Beispiel: His nose is much <u>bigger</u> than mine. *(Komparativ)*
He is <u>the funniest</u> clown I have ever seen. *(Superlativ)*

GRUNDFORM DER ADJEKTIVE

Die Grundform der Adjektive verwenden wir zur einfachen Beschreibung von Nomen und bei Vergleichen mit *as ... as*.

» einfache Beschreibung von Nomen
Beispiel: The clown is <u>funny</u>.

» genauso ... wie = *as ... as*
Beispiel: You are *as* <u>funny</u> *as* the clown.

» nicht so ... wie = *not as ... as/not so ... as*
Beispiel: I am *not as* <u>funny</u> *as* the clown.

STEIGERUNG DER ADJEKTIVE

STEIGERUNG MIT ER/EST

	Grundform	Komparativ	Superlativ
alle einsilbigen Adjektive	clean	clean**er**	the clean**est**
zweisilbige Adjektive auf *y*	easy	eas**ier**	the eas**iest**

Besonderheiten beim Anhängen von *er/est*

Adjektivendung	Besonderheit	Beispiel
e	nur **r/st** anhängen	late/lat**er**/the lat**est**
y (nach Konsonant)	*y* wird zu **i**	easy/eas**ier**/the eas**iest**
Konsonant nach kurzem betontem Vokal	Konsonant verdoppeln	hot/ho**tter**/the ho**ttest**

STEIGERUNG MIT MORE UND MOST

	Grundform	Komparativ	Superlativ
alle mehrsilbigen Adjektive (außer zweisilbige auf y)	difficult	more difficult	the most difficult

STEIGERUNG MIT ER/EST ODER MORE/MOST

Einige zweisilbige Adjektive können sowohl mit *er/est* als auch mit *more/most* gesteigert werden. Hierzu zählen vor allem zweisilbige Adjektive auf *er*.

Beispiel: clever/clever**er**/the clever**est**
clever/**more** clever/the **most** clever

UNREGELMÄSSIGE STEIGERUNG VON ADJEKTIVEN

Grundform	Komparativ	Superlativ
good	better	the best
bad/ill	worse	the worst
little (*wenig*)	less	the least
little (*klein*)	smaller	the smallest
much/many	more	the most
far (*räumlich/zeitlich*)	further	the furthest
far (*räumlich*)	farther	the farthest

ADVERBIEN AUS ADJEKTIVEN

Mit Adverbien beschreiben wir Verben, Adjektive oder andere Adverbien. Während sich im Deutschen Adjektiv und Adverb (adverbiales Adjektiv) in ihrer äußeren Form nicht voneinander unterscheiden, müssen wir im Englischen zur Bildung des Adverbs *ly* anhängen.

> ✎ **BEISPIEL**
>
> The band on stage is playing <u>fantastically</u> good songs. The girl is singing <u>extremely</u> <u>well</u> and the audience is clapping along <u>loudly</u>.
>
> The band is standing <u>directly</u> in front of the audience and they are playing one song <u>immediately</u> after the other. They are trying <u>hard</u> to entertain the audience and there is <u>hardly</u> anybody in the audience who is not <u>completely</u> thrilled.

VERWENDUNG

Wir verwenden Adverbien zur Beschreibung von

» Verben (Ausnahmen siehe Seite 101)
   Beispiel: The audience is *clapping* along <u>loudly</u>.
      ✎ Wie klatscht das Publikum mit? – Laut.

» Adjektiven
   Beispiel: The band is playing <u>fantastically</u> *good* songs.
      ✎ Wie gut sind die Lieder? – Fantastisch gut.

» Adverbien
   Beispiel: The girl is singing <u>extremely</u> *well*.
      ✎ Wie singt das Mädchen? – Extrem gut.

BILDUNG

NORMALFALL

Adverbien bilden wir normalerweise einfach, indem wir an das Adjektiv die Endung l<u>y</u> anhängen.

> *Beispiel:*   loud → loud<u>ly</u>

BESONDERHEITEN BEI DER BILDUNG

» Bei *true, due, whole* entfällt das <u>e</u> beim Anhängen von *ly*.
> *Beispiel:*   tru<u>e</u> → truly

» Endet ein Adjektiv auf Konsonant + *y* , wird *y* beim Anhängen von *ly* zu <u>i</u>.
> *Beispiel:*   happ<u>y</u> → happi<u>ly</u>

» Endet ein Adjektiv auf Konsonant + *le*, entfällt *le* beim Anhängen von *ly*.
> *Beispiel:*   sensib<u>le</u> → sensib<u>ly</u>

» Endet ein Adjektiv auf *ll*, hängen wir nur <u>y</u> an.
  (*aber:* Endet ein Adjektiv nur auf *l*, hängen wir l<u>y</u> an.)
> *Beispiel:*   full → full<u>y</u> (*aber*: final → final<u>ly</u>)

ADJEKTIVE AUF *IC*

Bei Adjektiven mit der Endung *ic* bilden wir das Adverb mit <u>ally</u> (Ausnahme: *public* → *publicly*).

> *Beispiel:*   fantast<u>ic</u> → fantastic<u>ally</u>

UNREGELMÄSSIGE BILDUNG

» die Adjektive *good, public* und *difficult*
> *Beispiel:*   good → well
>
> difficult → with difficulty

» Adjektive, die auf *ly* enden, bilden das Adverb mit <u>in a ... way/manner</u> oder wir verwenden ein ähnliches Adverb.
> *Beispiel:*   friendly → in a friendly way/in a friendly manner
>
> likely → probably

STEIGERUNG DER ADVERBIEN

Auch Adverbien können im Englischen gesteigert werden.

» Mit er/est steigern wir Adverbien, die einsilbig sind und/oder die gleiche
Form wie das Adjektiv haben (siehe Seite 102).

Beispiel: hard – hard<u>er</u> – the hard<u>est</u>

early – earl<u>ier</u> – the earl<u>iest</u>

» Mit <u>more/most</u> steigern wir alle Adverbien, die auf *ly* enden (außer die, bei
denen diese Form mit dem Adjektiv übereinstimmt, siehe oben).

Beispiel: happily - <u>more</u> happily - the <u>most</u> happily

UNREGELMÄSSIGE STEIGERUNG

Folgende unregelmäßige Steigerungsformen müssen wir auswendig lernen.

Adverb	Komparativ	Superlativ
well	better	the best
badly	worse	the worst
ill	worse	the worst
little	less	the least
much	more	the most
far (*räumlich + zeitlich*)	further	the furthest
far (*räumlich*)	farther	the farthest
late (*zeitlich*)	later	the latest

ADJEKTIV ODER ADVERB

Da sich die aus Adjektiven gebildeten Adverbien im Englischen von den Adjektiven unterscheiden, müssen wir beachten, wann das Adjektiv und wann das Adverb verwendet wird.

 BEISPIEL

> Orla runs as <u>fast</u> as Lucy but she is not as <u>fast</u> as Theresa.
>
> While Orla and Lucy are running along <u>happily</u>, Theresa is <u>happy</u> that she can overtake them.
>
> They feel <u>good</u> when they run.

ADJEKTIV ODER ADVERB

ADJEKTIVE

» Adjektive beschreiben Nomen (*Wie ist jemand oder etwas?*).

Beispiel: Theresa is <u>happy</u> that she can overtake them.

✎ Wie ist Theresa?
→ Glücklich.

» In Verbindung mit folgenden Verben verwenden wir Adjektive: *be, become, feel, get, grow, keep, look, remain, seem, smell, sound, stay, taste, turn*

Beispiel: Orla *is* not as <u>fast</u> as Theresa.
They *feel* <u>good</u> when they run.

ADVERBIEN

» Adverbien beschreiben Adjektive, Verben oder andere Adverbien. (*Wie macht jemand etwas? Wie gut/schlecht/… ist jemand/etwas?*)

Beispiel: Orla runs as <u>fast</u> as Lucy. Orla and Lucy are running along <u>happily</u>.

✎ Wie rennt Orla?
→ So schnell wie Lucy.
Wie laufen Orla und Lucy?
→ Glücklich.

ADJEKTIV UND ADVERB GLEICH

Einige Wörter haben als Adverb die gleiche Form wie als Adjektiv. Die wichtigsten sind: *daily, enough, early, far, fast, hard, hourly, late, little, long, low, monthly, much, straight, weekly, yearly.*

> *Beispiel:*   a <u>yearly</u> concert → We go to the concert <u>yearly</u>.

ZWEI ADVERBIEN

Aus einigen Adjektiven können wir zwei verschiedene Adverbien bilden. Das Adverb kann einmal die gleiche Form haben wie das Adjektiv oder wir hängen *ly* an. Dementsprechend ändert sich jedoch die Bedeutung des Adverbs.

> *Beispiel:* They are trying <u>hard</u> to entertain the audience and there is <u>hardly</u> anybody in the audience that is not completely thrilled.

Adjektiv	Adverb wie Adjektiv	Adverb mit *ly*
hard (*hart, schwer*)	hard (*hart, schwer*)	hardly (*kaum*)
Life is hard.	She works hard.	She hardly ever works.
late (*spät*)	late (*spät, lang*)	lately (*kürzlich*)
Don't be late!	He is working late today.	Have you seen her lately?
most (*die meisten*)	most (*am meisten*)	mostly (*meistens*)
Most people like ice-cream.	Which kind of ice-cream do you like most?	It is mostly snowy in winter.
near (*nah*)	near (*nah*)	nearly (*fast, beinah*)
He is a near relative.	Do you live somewhere near?	He nearly fell off his chair.
pretty (*hübsch*)	pretty (*ziemlich*)	prettily (*hübsch, nett*)
She has a pretty face.	She is pretty nervous.	She sings prettily.
short (*kurz*)	short (*kurz*)	shortly (*bald*)
He has got short hair.	We had to cut our holiday short.	I will be with you shortly.

> **BEACHTE**
>
> Das Wort *well* kann Adjektiv (wohl, gesund) und Adverb (von *good*) sein.
>
> *Adjektiv:* He is <u>well</u>. (Ihm geht es gut.)
> Get <u>well</u> soon. (Werde bald gesund!)
> *Adverb:* He cooks <u>well</u>. (Er kocht gut.)

Typen von Adverbien

Art und Weise (Adverbs of Manner)

Adverbien der Art und Weise erfragen wir mit „Wie?". Meist handelt es sich dabei um die aus Adjektiven gebildeten Adverbien. Zu den Adverbien der Art und Weise gehören zum Beispiel:

awfully, badly, carefully, friendly, quickly, slowly, well, …

> *Beispiel:*   My brother dances <u>awfully</u>.

Ort (Adverbs of Place)

Adverbien des Ortes erfragen wir mit „Wo/Wohin/Woher?". Zu den Adverbien des Ortes gehören zum Beispiel:

anywhere/everywhere/nowhere/somewhere, here/there, inside/outside, …

> *Beispiel:*   The children are playing <u>outside</u>.

Zeit (Adverbs of Time)

Adverbien der Zeit erfragen wir mit „Wann?". Zu den Adverbien der Zeit gehören zum Beispiel:

early/late, immediately, soon, then, tomorrow/yesterday, …

> *Beispiel:*   He got up <u>early</u>.

Häufigkeit (Adverbs of Frequency)

Häufigkeitsadverbien erfragen wir mit „Wie oft?". Zu den Häufigkeitsadverbien gehören zum Beispiel:

always, daily/hourly/…, never, often, once/twice, regularly, usually, …

> *Beispiel:*   We <u>usually</u> spend our holidays by the sea.
> I have been there <u>once</u>.

Grad (Adverbs of Degree)

Adverbien des Grades erfragen wir mit „Wie sehr/Zu welchem Grad?". Zu den Adverbien des Grades gehören zum Beispiel:

almost, enough, nearly, quite, rather, …

> *Beispiel:*   That's <u>quite</u> interesting.

Stellung der Adverbien

Adverbien der Art und Weise

Adverbien der Art und Weise stehen normalerweise hinter dem Objekt bzw. hinter dem Vollverb (wenn es kein Objekt gibt).

Subjekt	Prädikat	Objekt	Adverb
He	drove	the car	carefully.
He	drove		carefully.

Sie können aber auch vor dem Vollverb stehen. Dies ist vor allem der Fall, wenn weitere Angaben folgen, die stärker betont werden sollen als das Adverb.

Subjekt	Adverb	Prädikat	Objekt	weitere Angaben
He	carefully	drove	his father's new car	into the underground car park.
He	carefully	drove		to school that winter day when something strange happened.

Adverbien des Ortes

Adverbien des Ortes stehen hinter dem direkten Objekt bzw. Verb.

Subjekt	Prädikat	direktes Objekt	Adverb
I	didn't see	him	there.
He	stayed		behind.

Adverbien der Zeit

Adverbien der Zeit stehen normalerweise am Satzende.

Subjekt	Prädikat	indirektes Objekt	direktes Objekt	Zeit
I	will tell	you	the story	tomorrow.

Soll die Zeit nicht betont werden, kann das Zeitadverb am Satzanfang stehen.

Zeit	Subjekt	Prädikat	indirektes Objekt	direktes Objekt
Tomorrow	I	will tell	you	the story.

Häufigkeitsadverbien

Häufigkeitsadverbien werden unterteilt in Adverbien der bestimmten Häufigkeit und der unbestimmten Häufigkeit (englisch: *adverbs of definite/indefinite frequency*).

Adverbien der bestimmten Häufigkeit (*daily/hourly/once/twice, ...*) stehen normalerweise am Satzende.

Subjekt	Prädikat	Objekt oder Ort	Adverb
He	has been	to London	twice.
The train	departs		hourly.

Adverbien der unbestimmten Häufigkeit stehen bei den einfachen Zeitformen (z. B. *Simple Present, Simple Past*) direkt vor dem Vollverb (aber hinter *be* als Vollverb). Bei den zusammengesetzten Zeitformen (z. B. *Present Progressive, Present Perfect Simple*) steht das unbestimmte Häufigkeitsadverb hinter dem (ersten) Hilfsverb.

Subjekt	Hilfsverb oder *be* (Vollverb)	Adverb	Vollverb	Objekt, Ort oder Zeit
I		often	go swimming	in the evenings.
He	doesn't	always	play	tennis.
We	are	usually		here in summer.
I	have	never	been	abroad.

ALLGEMEINES

Präpositionen sind kleine Wörter (im Deutschen z. B. an, in, zu), die vor einem Nomen stehen (manchmal aber auch vor einem Verb im Gerundium).

 BEISPIEL

The weather was so nice <u>on</u> Tuesday that Mr Norris decided to leave his car <u>at</u> the car park and walk home <u>after</u> work.

Selbst fortgeschrittene Englischlerner haben oft Probleme mit den Präpositionen, weil man sie nicht 1:1 übersetzen kann. So gibt es z. B. für die deutsche Präposition „am" je nach Situation verschiedene Übersetzungen – hier nur einige Beispiele.

Beispiele: am Montag – *on Monday*
am Wochenende – *at the weekend*
am Morgen – *in the morning*

Um sich die richtigen Präpositionen einzuprägen, kann man nur in einem Wörterbuch nachschlagen, viel auf Englisch lesen und wichtige Wendungen mit Präpositionen auswendig lernen.

Auf den folgenden Seiten haben wir einige Regeln für häufig verwendete Präpositionen zusammengestellt.

PRÄPOSITIONEN – ZEIT

Engl.	Dt.	Verwendung	Beispiel
on	am	• Wochentage, Datumsangaben, Feiertage (genauer Tag)	• on Monday, on 16th May, on Easter Monday
in	im	• Monate/Jahreszeiten	• in August/in winter
	am	• Zeitraum am Tag	• in the morning
	–	• bei Jahreszahlen	• in 2006
	in	• ungefähre Zeitangabe (wann?)	• in an hour, in the past, in the future
at	in	• im Sinne von *nachts*	• at night
	am	• in der Bedeutung *am Wochenende* (aber: am. Englisch: *on*)	• at the weekend (*am. Engl.:* on the weekend)
	um	• bestimmte Zeitangabe (Wann?)	• at half past nine
	zu/an	• Feiertage (ohne genauen Tag)	• at Christmas, at Easter
since	seit	• von einem bestimmten Zeitpunkt an	• since 1980
for	seit	• über einen bestimmten Zeitraum	• for two years
ago	vor	• ein Zeitpunkt in der Vergangenheit	• two years ago
before	vor	• vor einem Zeitpunkt in der Vergangenheit	• before 2004
to	vor	• bei Uhrzeiten (am. Englisch auch: *before, of, till*)	• ten to six (5:50) (*am. Engl. auch:* ten before/of/ till six)
past	nach	• bei Uhrzeiten (am. Englisch auch: *after*)	• ten past six (6:10) (*am. Engl. auch:* ten after six)
to/till/ until	bis	• bei von … bis …	• from Monday to/till Friday
till/ until	bis	• im Sinne von *wie lange etwas noch dauert*	• He is on holiday until Friday.
by	bis	• im Sinne von *spätestens* • bis zu einem bestimmten Zeitpunkt	• I will be back by 6 o'clock. • By 11 o'clock I had read five pages.
during	während	• innerhalb eines Zeitraums	• during the summer holidays

PRÄPOSITIONEN – ORT/RICHTUNG

Engl.	Dt.	Verwendung	Beispiel
in	in	• Raum, Gebäude, Stadt, Land	• in the kitchen, in hospital, in London, in Ireland
		• Buch, Zeitung usw.	• in the book
		• Auto, Taxi	• in the car, in a taxi
	auf	• Bild, Welt	• in the picture, in the world
into	in	• in einen Raum/ein Gebäude hinein	• to go into the kitchen/house
at	an, bei	• im Sinne von *daneben, davor, dabei*	• at the door, at the car
	an	• am Tisch	• at the table
	auf, bei	• bei einem Ereignis	• at a concert, at the party
	in	• Ort, wo man ist, um etwas dafür Typisches zu tun (Film sehen, lernen, arbeiten)	• at the cinema, at school, at work, at the station
	bei	• Besuch/Termin bei	• at sb's house, at the doctor's
on	an	• befestigt	• the picture on the wall
		• an einem Fluss	• London lies on the Thames.
	auf	• auf einem Untergrund	• on the table
		• auf einer Seite (links, rechts)	• on the left
		• auf einer Etage (= in einem Stockwerk)	• on the first floor
	in	• öffentliches Verkehrsmittel	• on the bus, on a plane
		• Fernsehen, Radio	• on TV, on the radio
		• Internet	• on the internet
by, next to, beside	neben	• daneben	• Jane is standing by/next to/beside the car.
in front of	vor	• davor	• There are two men in front of the house.
behind	hinter	• dahinter	• There is a beautiful garden behind the house.
under	unter	• unter etwas, aber auf dem Fußboden	• The bag is under the table.
below	unter	• unter etwas, aber oberhalb des Bodens	• The fish are below the surface.
above	über	• oberhalb, aber nicht direkt darüber	• The castle stands above the town.

Engl.	Dt.	Verwendung	Beispiel
over	über	• wenn etwas anderes bedeckt wird • im Sinne von *mehr als* • auf die andere Seite gelangen (auch *across*) • über ein höheres Hindernis	• Put a jacket on over your shirt. • over 16 years of age • to walk over a bridge • to climb over a wall
across	über durch	• auf die andere Seite gelangen (auch *over*) • auf die andere Seite gelangen	• to walk across a bridge • to swim across a lake
through	durch	• Begrenzung oben, unten und an den Seiten	• to drive through a tunnel
to	zu nach in	• zu einer Person, zu einem Gebäude • in einen Ort, in ein Land • ins Bett gehen • auf/zur Arbeit gehen	• to go to the cinema • to go to London/Ireland • to go to bed • to go to work
towards	zu ... hin	• in Richtung (aber nicht direkt bis dorthin)	• to go five steps towards the house
onto	auf	• auf etwas hinauf	• to jump onto the table
from	von, aus	• von einem Ort (woher)	• a flower from the garden

BEISPIELE FÜR ORT/RICHTUNG

1	in the picture	auf dem Bild
2	lean against the wall	an der Wand lehnen
3	hang on the wall	an der Wand hängen
4	sit on the sofa	auf dem Sofa sitzen
5	climb onto the sofa	auf das Sofa klettern
6	behind the sofa	hinter dem/das Sofa
7	between the mice	zwischen den Mäusen
8	in the aquarium	im Aquarium
9	into the aquarium	in das Aquarium (hinein)
10	under the table	unter dem/den Tisch

ANDERE WICHTIGE PRÄPOSITIONEN

Engl.	Dt.	Verwendung	Beispiel
from	von	• Überbringer	• a present from Jane
of	von	• entspr. deutschem Genitiv (für Dinge, nicht Personen)	• a page of the book
by	von	• Verursacher, Autor usw.	• a book by Mark Twain
	um/mit	• Steigerung, Senkung	• prices have risen by 10 percent
		• reisen mit Verkehrsmittel	• by car, by bus
on	zu	• reisen zu Fuß, Pferd	• on foot, on horseback
	in	• einsteigen in ein öffentliches Verkehrsmittel	• get on the bus
in	in	• einsteigen in ein Auto/Taxi	• get in the car
off	aus	• aussteigen aus einem öffentlichen Verkehrsmittel	• get off the train
out of	aus	• aussteigen aus einem Auto/Taxi	• get out of the taxi
at	mit	• bei Altersangaben	• she learned Russian at 45
about	über	• im Sinne von *worüber*	• we were talking about you

AUSSAGESÄTZE

ENGLISCHER SATZBAU IN HAUPTSÄTZEN UND NEBENSÄTZEN

Die Wortstellung in englischen Sätzen ist ein wichtiges Thema. Da es im Englischen keine Fälle gibt, müssen wir die Reihenfolge *Subjekt – Prädikat – Objekt* einhalten.

 **BEISPIEL**

The dog is catching the ball.

In der deutschen Übersetzung gibt es mehrere Möglichkeiten der Wortstellung:

Der Hund fängt den Ball.
Den Ball fängt der Hund.

Im Englischen können wir die Wortstellung aber nicht ändern, weil man sonst verstehen würde:

Der Ball fängt den Hund.
The ball is catching the dog.

WORTSTELLUNG

POSITIVE UND NEGATIVE SÄTZE

Im Englischen ist die übliche Reihenfolge der Satzglieder:

Subjekt – Prädikat – Objekt – Ort – Zeit.

	Subjekt	Prädikat	Objekt	Ort	Zeit
positiver Satz	Many people	walk	their dogs	in the park	on Sundays.
negativer Satz	Many people	do not walk	their dogs	in the park	on Sundays.

NEBENSÄTZE

Auch in Nebensätzen wird diese Reihenfolge beibehalten. Vor dem Subjekt steht dabei oft ein Einleitungswort, Subjunktion genannt (vgl. Seite 124).

	Subjunk-tion	Subjekt	Prädikat	Objekt	Ort	Zeit
Haupt-satz		Many people	walk	their dogs	in the park	on Sundays ...
Neben-satz	... because	they	do not have	the time		during the week.
Neben-satz	... as	they	do not have to go		to work	at the weekend.

INFO

Theoretisch müsste jeder englische Satz mit einem Subjekt beginnen, dann würden längere Texte aber sehr langweilig klingen. Um die Texte abwechslungsreicher zu gestalten, setzen wir gelegentlich die Zeit oder den Nebensatz an den Satzanfang.

Beispiel: <u>On Sundays</u> many people walk their dogs in the park.
<u>As they do not have to go to work at the weekend</u>, many people walk their dogs in the park on Sundays.

VERNEINUNG

Die Verneinung bilden wir im Englischen fast immer mit dem Hilfsverb *do*. In einigen Fällen verwenden wir aber ein anderes oder gar kein Hilfsverb.

 BEISPIEL

The boy is from England, but the girl <u>is not</u> from England.

They <u>are not talking</u> because she <u>does not speak</u> English.

They <u>have not got</u> a dictionary.

KEIN HILFSVERB

Wenn das Vollverb eine Form von *be* im *Simple Present* oder *Simple Past* ist *(am, is, are, was, were)*, benötigen wir kein Hilfsverb. In diesem Fall setzen wir <u>not</u> einfach hinter die Form von *be*.

   Beispiel: He *is* from England, but she *is* <u>not</u> from England.

In der gesprochenen Sprache verwenden wir oft die Kurzformen (Seite 31).

VORGEGEBENES HILFSVERB

Die zusammengesetzten Zeiten und das Passiv haben bereits ein Hilfsverb, das wir auch in der Verneinung verwenden. Wir setzen also nur noch das Wörtchen *not* hinter das erste Hilfsverb.

   Beispiel: They *are* <u>not</u> *speaking* English. *(Present Progressive)*
               They *have* <u>not</u> *spoken* English. *(Present Perfect Simple)*
               They *will* <u>not</u> *speak* English. *(Future I)*
               English *is* <u>not</u> *spoken* in that country. *(Passiv)*

Auch hier können wir Kurzformen verwenden (Seite 31).

HILFSVERB *DO*

Gibt es kein Hilfsverb und das Verb ist nicht *be*, müssen wir in der Verneinung das Hilfsverb *do* verwenden.

Beispiel: We *speak* English. → We <u>do not</u> *speak* English.

Das eigentliche Verb steht dann in der Grundform, nur das Hilfsverb *do* wird gebeugt (3. Person Singular *Simple Present: does,* alle *Simple-Past*-Formen: *did).*

Beispiel: They *speak* English. → They <u>do not</u> *speak* English.
He *speaks* English. → He <u>does not</u> *speak* English.
They *spoke* English. → They <u>did not</u> *speak* English.

Auch für die Formen von *do* gibt es Kurzformen, die wir in der gesprochenen Sprache bevorzugen (Seite 31).

AUSNAHMEVERB *HAVE*

Verwenden wir *have*, um Besitz/Zugehörigkeit anzuzeigen, gibt es zwei Möglichkeiten der Verneinung.

Die förmliche (und im amerikanischen Englisch übliche) Methode ist, das Verb *have* mit dem Hilfsverb *do* zu verwenden.

Beispiel: They *have* a dictionary. → They <u>do not</u> *have* a dictionary.

Im britischen Englisch verwenden wir aber auch oft die Form *have got.* In der Verneinung setzen wir *not* dann einfach zwischen *have* und *got.*

Beispiel: They *have got* a dictionary. → They *have* <u>not</u> *got* a dictionary.

BEACHTE

Die Form mit *have got* ist nur im britischen Englisch üblich, nicht im amerikanischen Englisch.

FRAGEN

In Fragen bleibt die Form *Subjekt – Prädikat – Objekt* im Großen und Ganzen erhalten. Jedoch müssen wir meist ein Hilfsverb vor dem Subjekt verwenden.

Wir unterscheiden zwischen Entscheidungsfragen (ohne Fragewort) und Ergänzungsfragen (mit Fragewort). Zu indirekten Fragen siehe Seite 126.

 BEISPIEL

Do you like ice-cream?

How often do you eat ice-cream?

Have you had an ice-cream today?

What is your favourite kind of ice-cream?

FRAGEN MIT HILFSVERB

In Fragen benötigen wir fast immer ein Hilfsverb. Bei zusammengesetzten Zeitformen, dem Passiv oder bei Modalverben nehmen wir das vorhandene Hilfsverb bzw. das Modalverb und setzen es einfach vor das Subjekt.

Beispiel: I <u>have</u> *had* an ice-cream today.
→ <u>Have</u> you *had* an ice-cream today? (*Present Perfect*)

The ice-cream <u>is</u> *made* with milk.
→ <u>Is</u> the ice-cream *made* with milk? (*Passiv im Simple Present*)

Ice-cream men <u>can</u> *eat* ice-cream every day.
→ <u>Can</u> ice-cream men *eat* ice-cream every day? (*Modalverb im Simple Present*)

Aussagesätze im *Simple Present* oder *Simple Past* haben aber oft kein Hilfsverb. In diesem Fall müssen wir in der Frage das Hilfsverb *do* nehmen.

Beispiel: I *like* ice-cream.
→ <u>Do</u> you *like* ice-cream?

> ### BEACHTE
>
> Verwenden wir das Hilfsverb *do*, wird nur das Hilfsverb gebeugt: Im *Simple Present* nehmen wir *does* für die 3. Person Singular (sonst *do*), im *Simple Past* verwenden wir für alle Formen *did*. Das eigentliche Verb steht dann aber in der Grundform.
>
> *Beispiel:* He *eats* an ice-cream every day.
> → <u>Does</u> he *eat* an ice-cream every day?
> *(Simple Present – 3. Person Singular)*
>
> She *ate* an ice-cream yesterday.
> → <u>Did</u> she *eat* an ice-cream yesterday? *(Simple Past)*

FRAGEN OHNE HILFSVERB

Bei *be* im *Simple Present/Past* bilden wir die Frage ohne Hilfsverb. Die Form von *be* rutscht dann einfach vor das Subjekt.

Beispiel: I *am/was* addicted to ice-cream.
→ *Are/Were* you addicted to ice-cream?

FRAGEN MIT *HAVE*

Bei Fragen mit *have* nach Besitz/Zugehörigkeit haben wir zwei Möglichkeiten:

» Wir können *have* mit dem Hilfsverb *do* verwenden. Das ist die förmlichere und im amerikanischen Englisch üblichere Methode.

Beispiel: My mom *has* an ice-cream machine.
→ <u>Does</u> your mom *have* an ice-cream machine? *(am. Englisch)*

» Im britischen Englisch ist in diesem Fall die Verwendung von *have got* üblich – *have* übernimmt hier die Funktion des Hilfsverbs und steht vor dem Subjekt.

Beispiel: My mum <u>has</u> *got* an ice-cream machine.
→ <u>Has</u> your mum *got* an ice-cream machine? *(brit. Englisch)*

Typen von Fragen

Entscheidungsfragen

Entscheidungsfragen sind Fragen ohne Fragewort, wir können sie mit *Ja/Nein* beantworten. Das Hilfsverb steht in diesem Fall am Satzanfang. Bei Fragen mit *be* als Vollverb steht *be* am Satzanfang.

> *Beispiel:*   <u>Do</u> you *like* ice-cream?
> <u>Have</u> you *had* an ice-cream today?
> *Is* this your ice-cream?

Ergänzungsfragen

Ergänzungsfragen sind Fragen mit Fragewort. Wir bilden Ergänzungsfragen genauso wie Entscheidungsfragen, müssen aber das Fragewort noch vor das Hilfsverb an den Satzanfang setzen.

> *Beispiel:*   <u>How often</u> *do* you eat ice-cream?
> <u>What</u> *is* your favourite kind of ice-cream?

In Fragen mit einer Präposition steht die Präposition normalerweise am Satzende (nicht wie im Deutschen am Satzanfang).

> *Beispiel:*   Who is the ice-cream <u>for</u>? (*Für wen ist das Eis?*)

Fragen nach dem Subjekt (Subjektfragen)

Bei Fragen nach dem Subjekt („Wer/Was?") ersetzen wir das Subjekt einfach durch das Fragewort. Wir verwenden bei Subjektfragen kein zusätzliches Hilfsverb (*do*). Wir müssen aber beachten, dass das Verb (wie im Deutschen) in der 3. Person Singular steht.

> *Beispiel:*   <u>Jane</u> has bought an ice-cream.
> → <u>Who</u> has bought an ice-cream?
> <u>Jane and Phil</u> *eat* ice-cream every day.
> → <u>Who</u> *eats* ice-cream every day?

TYPISCHE FRAGEWÖRTER

Englisch	Deutsch	Verwendung	Beispiel
who	wer/wem/ wen	Subjekt, Objekt (Person)	Who gave you the book? Who did you give the book to? Who did you see?
what	was	Subjekt, Objekt (keine Person)	What is it? What did you see? What are you doing?
whose	wessen	Zugehörigkeit	Whose car is it?
where	wo wohin	Ort (Position, Richtung)	Where is the station? Where are you going?
where ... from	woher	Ort (Herkunft)	Where are you from?
when	wann	Zeitpunkt	When did you have breakfast?
how	wie	Art und Weise	How are you? How did you get home?
why	warum/ weshalb/ wieso	Grund für eine Handlung	Why are you so late?
what ... for	wozu	Ziel einer Handlung	What do you need this for?
which	welche(r/s)	vorgegebene Auswahl	Which car do you like better – the red one ore the blue one?
what	was für/ welche(r/s)	ohne vorgegebene Auswahl	What clothes do you usually wear? What day is it today?

INFO

In sehr gehobenem Stil findet man gelegentlich auch *whom* anstelle von *who* als Objekt.

Beispiel: Who did you see? → Whom did you see?

Handelt es sich dabei um eine Frage mit Präposition, verwenden wir die Präposition vor *whom* (und nicht am Satzende).

Beispiel: Who did you give the book *to*?
→ To *whom* did you give the book?

QUESTION TAGS

Question Tags (*auch*: Frageanhängsel) sind kleine Anhängsel am Ende eines Satzes. Im Deutschen verwenden wir in diesem Fall Ausdrücke wie *stimmt's/oder/nicht wahr.*

> ✏ **BEISPIEL**
>
> Your dog's very big, <u>isn't he</u>?
> His name's Fluffy, <u>isn't it</u>?
> He just wants to play, <u>doesn't he</u>?
> He doesn't bite, <u>does he</u>?
> You've already fed him, <u>haven't you</u>?
> You got him from the animal shelter, <u>didn't you</u>?

VERWENDUNG

» Wir verwenden *Question Tags*, wenn wir vom Gesprächspartner eine Reaktion erwarten.

   Beispiel: Your dog is very big, <u>isn't he</u>?

» Nach positiven Sätzen verwenden wir als Frageanhängsel die Kurzform der Verneinung. Nach negativen Sätzen verwenden wir die positive Form.

   Beispiel: He just wants to play, <u>doesn't he</u>?
   He does not bite, <u>does he</u>?

BILDUNG

BE ODER HILFSVERB

» Ist das Verb im Hauptsatz eine Form von *be*, verwenden wir diese Form auch im *Question Tag*.

   Beispiel: Your dog *is* very big, <u>isn't he</u>?

» Steht im Hauptsatz ein Verb mit Hilfsverb, verwenden wir im *Question Tag* das Hilfsverb.

   Beispiel: You *have* already *fed* him, <u>haven't you</u>?

» Ist das Verb im Hauptsatz nicht *be* und es gibt kein Hilfsverb, verwenden wir im *Question Tag* die entsprechende Form des Hilfsverbs *do*.

   Beispiel: He just *wants* to play, <u>doesn't he</u>?
   You *got* him from the animal shelter, <u>didn't you</u>?

PRONOMEN

In den *Question Tags* verwenden wir immer Pronomen. Steht also im Hauptsatz ein Name oder ein anderes Nomen, müssen wir im *Question Tag* das entsprechende Pronomen verwenden.

» Bei Personen und Lebewesen, von denen uns das Geschlecht bekannt ist, verwenden wir im Singular *he/she*, im Plural *they*.

    Beispiel: *Your dog* is very big, isn't <u>he</u>?

       ✎ Wir wissen bereits, dass es ein Rüde ist.

» In allen anderen Fällen verwenden wir im Singular *it*.

    Beispiel: *His name* is Fluffy, isn't <u>it</u>?

       ✎ Hier geht es um den Namen. Der ist kein Lebewesen, deshalb *it*.

» Ist das Subjekt im Satz schon ein Pronomen, verwenden wir genau dieses Pronomen auch im *Question Tag*.

    Beispiel: *He* does not bite, does <u>he</u>?

             You have already fed him, haven't <u>you</u>?

BEACHTE

Als negativen *Question Tag* für *I am* verwenden wir *aren't I*.

    Beispiel: I *am* clever, <u>aren't I</u>?

SHORT ANSWERS

Short Answers sind Kurzantworten, bei denen wir hinter *Yes/No* noch das Subjekt und Hilfsverb anhängen. Im Deutschen verwenden wir solche Kurzformen eigentlich nicht. Im Englischen werden sie jedoch häufig gebraucht, weil sie höflicher klingen als eine simple *Yes/No*-Antwort.

✏ **BEISPIEL**

» Have you got a girlfriend?
» <u>Yes, I have.</u>
» Is she nice?
» <u>Yes, she is.</u>
» Do you see each other very often?
» <u>No, we don't.</u>
» Does she live in the same town as you?
» <u>No, she doesn't.</u>
» Can I meet her one day?
» <u>Yes, you can.</u>

VERWENDUNG

Wir verwenden Kurzantworten, wenn wir im Englischen eine Frage mit *ja* oder *nein* beantworten und dabei besonders höflich klingen wollen.

  Beispiel: Have you got a girlfriend? – <u>Yes, I have</u>.

BILDUNG

Wir nehmen das erste Wort aus der Frage. Das ist entweder ein Hilfsverb oder eine Form von *be*. In der positiven Kurzantwort (*yes*) verwenden wir die Langform.

  Beispiel: Is she nice? – Yes, <u>she is</u>. (*nicht:* ~~Yes, she's.~~)

In der negativen Kurzantwort (*no*) verwenden wir normalerweise die Kurzform.

  Beispiel: Does she live in the same town as you? – No, <u>she doesn't</u>.

BESONDERHEITEN BEI DEN PRONOMEN

Da die Kurzantworten normalerweise in einem Gespräch zwischen mehreren Personen vorkommen, müssen wir einige Pronomen bei der Antwort durch andere Pronomen ersetzen. Dies betrifft die Pronomen *I, you* und *we*.

Beispiel: Can *I* meet her one day? – Yes, <u>you</u> can.

✎ Die fragende Person spricht in der ich-Form. Also muss der Gesprächspartner die Du-/Sie-Form verwenden, wenn er der Person antwortet.

Das Pronomen *you* kann im Englischen für *du* oder *ihr* stehen. Deshalb müssen wir *you* in der Kurzantwort entweder durch <u>I</u> oder durch <u>we</u> ersetzen.

Beispiel: Have *you* got a girlfriend? – Yes, <u>I</u> have.
Do *you* see each other very often? – No, <u>we</u> don't.

Beginnt die Frage mit „Are you ..." und es ist nur eine Person gemeint, wird *are* in der Kurzantwort durch <u>am</u> ersetzt.

Beispiel: Are *you* in love? – Yes, <u>I am</u>./Yes, <u>we are</u>.

KONJUNKTIONEN/SUBJUNKTIONEN

Mithilfe von Konjunktionen (*coordinate conjunctions*) und Subjunktionen (*subordinate conjunctions*) können wir Teilsätze miteinander verbinden. Im Englischen ändert sich der Satzbau dabei nicht, auch wenn es sich um einen Nebensatz handelt.

 BEISPIEL

Christine is happy <u>because</u> she is on holiday.

She loves the sea <u>and</u> spends every summer on England's east coast.

She wants to see the sunset – <u>that's why</u> she has come to the beach.

KONJUNKTIONEN UND SUBJUNKTIONEN

» Typische Konjunktionen (*coordinate conjunctions*) sind *and, or, but*. Sie verbinden zwei Hauptsätze miteinander.

  Beispiel: She loves the sea <u>and</u> spends every summer on England's east coast.

» Zu den Subjunktionen (*subordinate conjunctions*) gehören zum Beispiel: *because, as, when.*

  Beispiel: Christine is happy <u>because</u> she is on holiday.

  Mit einer Subjunktion werden Nebensätze eingeleitet, die einen Grund, eine Bedingung, eine Folge/ein Ziel, eine Zeit oder einen Widerspruch ausdrücken (siehe folgende Übersicht).

  Beispiel: She wants to see the sunset – <u>that's why</u> she has come to the beach.

ÜBERSICHT

Funktion	typische Subjunktionen	Übersetzung	Beispiel
Grund	*because*	denn/weil	• Christine is happy <u>because</u> she is on holiday.
	as/since	da/weil	• <u>As/Since</u> it is sunny, she is going to spend the day at the beach.
	that's why	deshalb	• She wants to see the sunset – <u>that's why</u> she has come to the beach.
Bedingung	*if*	wenn/falls	• <u>If</u> Christine has the time, she spends a few weeks by the sea each year.
Folge, Ziel	*that*	dass	• She arrived so late at the beach today <u>that</u> the sun had almost set.
	so that	sodass/damit	• She has come to the beach <u>so that</u> she can see the sunset.
	so	also/folglich	• She has come to the beach <u>so</u> she can see the sunset.
Zeit	*before*	bevor/bis	• She had a lot of work to do <u>before</u> she went on holiday.
	after	nachdem	• <u>After</u> she has spent a few weeks there, she feels relaxed.
	when	als/wenn	• <u>When</u> she was here last year, she discovered a wonderful restaurant. • <u>When</u> she gets back from the beach, she and her husband are going to eat out.
	until	bis	• She is going to stay at the beach <u>until</u> the sun has disappeared.
	since	seit	• She has got a suntan <u>since</u> her holiday started.
	while	während	• She can see the sunset <u>while</u> she is walking along the beach.
Widerspruch	*although*	obwohl	• She loves the sea <u>although</u> she cannot swim.
	whereas	wohingegen	• She loves the sea, <u>whereas</u> her husband prefers the mountains.

INDIREKTE FRAGEN

Indirekte Fragen sind Fragen, die wir in einem anderen Satz einbauen. Wir ergänzen damit bestimmte Wendungen, wie zum Beispiel die folgenden:

Beispiel: I don't know …
I don't understand …
I would like to know …
Can you tell me …?

✎ **BEISPIEL**

I don't know <u>whose bag it is</u>.

Do you know <u>who the bag belongs to</u>?

I'd really like to know <u>what's in the bag</u>.

I'm not sure <u>whether I should take it to the lost property office</u>.

SATZBAU

Der Satzbau in der indirekten Frage unterscheidet sich von der normalen Frage. Folgende Punkte müssen wir beachten:

» Das Subjekt steht in der indirekten Frage immer vor dem Verb. (In der normalen Frage steht das Hilfsverb oder *be* vor dem Subjekt.)

Beispiel: Whose bag <u>is</u> *it*? I do not know.
→ I do not know whose bag *it* <u>is</u>.

» In der indirekten Frage verwenden wir das Hilfsverb *do* nicht. Dafür muss eventuell das eigentliche Verb gebeugt werden (in der 3. Person Singular oder im *Simple Past*).

Beispiel: Who <u>does</u> the bag *belong* to? I do not know.
→ I do not know who the bag <u>belongs</u> to.

» Bei Fragen nach dem Subjekt („Wer/Was?") ist die Wortstellung allerdings genauso wie in einer richtigen Frage.

Beispiel: <u>What is in the bag?</u> I would really like to know that.
→ I would really like to know <u>what is in the bag</u>.

INDIREKTE FRAGEN MIT *IF/WHETHER*

Bei Fragen, die wir mit *Ja/Nein* beantworten können (Entscheidungsfragen), verwenden wir kein Fragewort. Bei der indirekten Frage müssen wir in diesem Fall aber *if/whether* einsetzen, was dem deutschen Wörtchen *ob* entspricht.

Beispiel: Should I take the bag to the lost property office?
→ I am not sure <u>if/whether</u> I should take the bag to the lost property office.

SATZZEICHEN IN DER INDIREKTEN FRAGE

» Bei indirekten Fragen verwenden wir normalerweise einen Punkt und kein Fragezeichen.

Beispiel: I do not know whose bag it is.

» Das Fragezeichen setzen wir nur, wenn die indirekte Frage Teil einer echten Frage ist.

Beispiel: Do you know who the bag belongs to?

IF-SÄTZE

If-Sätze *(auch: Conditional Sentences, If Clauses)* sind Bedingungssätze. Das heißt, das Ereignis im Hauptsatz (ohne *if*) findet nur statt, wenn die Bedingung im Satzteil mit *if* erfüllt ist. Es gibt drei Typen von *If*-Sätzen: erfüllbare, nicht erfüllbare und nicht erfüllte *If*-Sätze.

✏ BEISPIEL

Mother: "Greg, I want to make a cake this afternoon. Will you help me?"

Greg: "<u>If I have time, I'll help you.</u>"

Mother: "Greg, I am going to make the cake now. Can you help me?"

Greg: "<u>If I had time, I'd help you.</u> But I have to do my homework."

Mother: "Now I've made the cake myself. Why didn't you help me?"

Greg: "<u>If I'd had time, I would have helped you.</u> But I had to do my homework."

VERWENDUNG UND BILDUNG

TYP I (ERFÜLLBARE BEDINGUNG)

Typ I nehmen wir, wenn eine Bedingung in der Gegenwart/Zukunft möglicherweise erfüllbar ist. *(Vielleicht habe ich später Zeit.)*

if + Present Simple, will-Future

> *Beispiel:* If I <u>have</u> time, I <u>will help</u> you.

TYP II (NICHT ERFÜLLBARE BEDINGUNG)

Typ II nehmen wir, wenn eine Bedingung in der Gegenwart/Zukunft nicht erfüllbar ist. *(Ich weiß, dass ich keine Zeit habe.)*

if + Simple Past, would + Infinitiv

> *Beispiel:* If I <u>had</u> time, I <u>would help</u> you.

INFO

Steht bei Typ II im *If*-Teil das Verb *be*, verwenden wir <u>were</u> (*nicht* ~~was~~).

> *Beispiel:* If I <u>were</u> you, I would not do this.
> (*nicht*: ~~If I was you, ...~~)

TYP III (NICHT ERFÜLLTE BEDINGUNG IN DER VERGANGENHEIT)

Typ III nehmen wir, wenn eine Bedingung in der Vergangenheit nicht erfüllt wurde. *(Ich hatte keine Zeit.)*

if + Past Perfect, would have + Past Participle

> *Beispiel:* If I <u>had had</u> time, I <u>would have helped</u> you.

ANMERKUNGEN ZUM SATZBAU

Steht der *If*-Teil hinter dem Hauptsatz, schreiben wir kein Komma.

> *Beispiel:* I will help you if I have time.
> I would help you if I had time.
> I would have helped you if I had had time.

RELATIVSÄTZE

Relativsätze verwenden wir, wenn wir Zusatzinformationen geben wollen, ohne einen neuen Satz zu beginnen.

Im Englischen unterscheiden wir zwischen notwendigen Relativsätzen (die nicht in Kommas stehen) und nicht notwendigen Relativsätzen (die in Kommas stehen) – Infos zur Unterscheidung zwischen notwendigen und nicht notwendigen Relativsätzen siehe Seite 132.

 BEISPIEL

These are my friends <u>who</u> I spend a lot of time with.

The boy <u>who</u> is wearing glasses is Tony.

Phil, <u>who</u> I met at summer camp, is very funny. I can still remember the day <u>when</u> I met him.

We have a youth club in town <u>where</u> I often meet my friends. This is the reason <u>why</u> I go there.

They often have a disco in the club, <u>which</u> is very popular. Linda, <u>whose</u> mother is a ballerina, can dance very well.

VERWENDUNG

Relativsätze enthalten Zusatzinformationen zu einem Nomen und stehen normalerweise direkt hinter dem Nomen, auf das sie sich beziehen.

Beispiel: The boy <u>who is wearing glasses</u> is Tony.
> The boy is Tony. Tony is wearing glasses.

Bildung von Relativsätzen

Relativsätze werden mit einem Relativpronomen oder einem Relativadverb eingeleitet.

Relativpronomen

Relativ-pronomen	deutsche Entsprechung	Verwendung	Beispielsatz
who	der/die/das	Subjekt oder Objekt für Personen	the boy <u>who</u> is wearing glasses
which	der/die/das	Subjekt oder Objekt für Tiere und Dinge	... in the club, <u>which</u> is very popular.
whose	dessen/deren	Zugehörigkeit für Personen, Tiere und Dinge	the girl <u>whose</u> mother is a ballerina
whom	dem/den, die/der	Objekt für Personen, vor allem in nicht notwendigen Relativsätzen (sehr förmlich, *who* ist üblicher)	Phil, <u>whom</u> I met at summer camp (auch möglich: Phil, *who* I met ...)
that	der/die/das	Subjekt oder Objekt für Personen/Tiere/Dinge in notwendigen Relativsätzen (auch *who/which* möglich)	the boy <u>that</u> is wearing glasses

Subjektpronomen oder Objektpronomen?

Subjekt- und Objektpronomen haben oft die gleiche Form (*who, which, that*). Um welches Pronomen es sich handelt, erkennen wir folgendermaßen:

» Steht hinter dem Relativpronomen ein Verb, dann ist es ein Subjektpronomen und muss gesetzt werden.

   Beispiel: the boy <u>who</u> *is* wearing glasses

» Steht hinter dem Relativpronomen ein Artikel/Nomen/Pronomen, dann ist es ein Objektpronomen und kann in notwendigen Relativsätzen wegfallen.

   Beispiel: the boy (<u>who</u>) *I* met at the summer camp

RELATIVPRONOMEN MIT PRÄPOSITION

Wenn wir das Relativpronomen mit einer Präposition verwenden, steht die Präposition im Englischen meist am Ende des Relativsatzes.

> *Beispiel:*   These are my friends *who* I spend a lot of time <u>with</u>.

Verwenden wir jedoch die förmlichere Version mit *whom*, steht die Präposition am Anfang des Relativsatzes.

> *Beispiel:*   These are my friends <u>with</u> *whom* I spend a lot of time.

Zur Beschreibung von Ort, Zeit oder Grund verwenden wir gelegentlich eine Präposition + *which*, häufiger aber ein Relativadverb (siehe unten).

> *Beispiel:*   I can still remember the day <u>on which</u> I met Phil.
> This is the youth club <u>in which</u> I meet my friends.
> This is the reason <u>for which</u> I go there.

RELATIVADVERBIEN

Relativadverbien beziehen sich auf einen ganzen Satz bzw. auf einen Zeitpunkt, einen Ort oder einen Grund. Sie ersetzen eine Präposition + *which*.

> *Beispiel:*   I can still remember the day <u>when</u> I met Phil.
> (*statt*: I can still remember the day <u>on which</u> I met Phil.)

Relativ-adverb	entspricht	bezieht sich auf	Beispielsatz
which		Satz	Linda dances well, <u>which</u> doesn't surprise me.
when	in/on which	Zeitpunkt	I can still remember the day <u>when</u> I met Phil.
where	in/at which	Ort	This is the youth club <u>where</u> I meet my friends.
why	for which	Grund	This is the reason <u>why</u> I go there.

NOTWENDIGE/NICHT NOTWENDIGE RELATIVSÄTZE

Im Englischen unterscheiden wir zwischen notwendigen und nicht notwendigen Relativsätzen.

NOTWENDIGE RELATIVSÄTZE

Notwendige Relativsätze (*auch*: bestimmende Relativsätze, *Defining Relative Clauses, Identifying Relative Clauses, Restrictive Relative Clauses*) enthalten notwendige Informationen zur Identifikation. Sie stehen ohne Kommas.

> *Beispiel:*   The boy <u>who is wearing glasses</u> is Tony.

> ✎ Ohne Relativsatz weiß man nicht, welcher Junge gemeint ist.

Nicht notwendige Relativsätze

Nicht notwendige Relativsätze (*auch*: nicht bestimmende Relativsätze, *Non-Defining Relative Clauses, Non-Identifying Relative Clauses, Non-Restrictive Relative Clauses*) sind zur Identifikation nicht notwendig. Sie werden mit Kommas verwendet.

> *Beispiel:*   Phil, <u>who I met at summer camp</u>, is very funny.
>
> ✎ Der Name identifiziert eine Person bereits, deshalb ist der Relativsatz nicht zur Identifikation gedacht, sondern enthält nur Zusatzinfos zu Phil. (Würden beide Jungen Phil heißen, müssten wir mit einem notwendigen Relativsatz klären, welcher Phil gemeint ist.)

BEACHTE

In nicht notwendigen Relativsätzen dürfen *who/which* nicht durch *that* ersetzt werden.

> *nicht:*   ~~Phil, that I met at the summer camp, ...~~

CONTACT CLAUSES

Wenn wir in einem notwendigen Relativsatz ein Objekt ersetzen, können wir das Relativpronomen *who/which/that* weglassen. Diese Art Relativsatz nennt man *Contact Clause*.

> *Beispiel:*   The boy and the girl are friends.
>   I spend a lot of time with <u>them</u>.
>   → These are the friends (<u>who</u>) I spend a lot of time with.

Achtung! Das Relativpronomen dürfen wir nicht weglassen, ...

» wenn damit ein Subjekt ersetzt wird.

> *Beispiel:*   Tony is a boy. <u>He</u> is wearing glasses.
>   → The boy <u>who</u> is wearing glasses is Tony.
>   (*nicht*: ~~The boy is wearing glasses is Tony.~~)

» wenn es sich um einen nicht notwendigen Relativsatz handelt.

> *Beispiel:*   Phil, who I met at the summer camp, is very funny.
>   (*nicht:* ~~Phil, I met at the summer camp, is very funny.~~)

REPORTED SPEECH
(*INDIREKTE REDE*)

Wenn wir berichten, was jemand gesagt hat, verwenden wir meist nicht den exakten Wortlaut mit Anführungszeichen (wörtliche Rede), sondern die indirekte Rede (englisch: *reported/indirect speech*). Die indirekte Rede wird durch bestimmte Wendungen eingeleitet.

Beispiel: He says/said …
              She explains/explained …
              She tells/told me …
              He asks/asked …

 **BEISPIEL**

Mandy is sitting in the café where James works. He tells her: "I work in this café almost every day. Yesterday I saw a famous TV presenter here. She was eating an ice-cream at the table where you're sitting now."

A week later, Mandy is speaking to a friend on the phone: "I saw James at the café last week. He said that <u>he worked in that café almost every day, and that the day before he had seen a famous TV presenter there. She had been eating an ice-cream at the table where I was sitting at that moment</u>."

AUSSAGESÄTZE

Beim Umwandeln von Aussagesätzen müssen wir folgende Punkte beachten:

» Änderung der Pronomen

Beispiel: He said, "I saw a famous TV presenter."

→ He said (that) he had seen a famous TV presenter.

» Änderung der Orts- und Zeitangaben (siehe Tabelle ganz unten)

Beispiel: He said, "I saw a famous TV presenter here yesterday."

→ He said (that) he had seen a famous TV presenter there the day before.

» eventuell Änderung der Zeitform (englisch: *backshift*)

Beispiel: He said, "She was eating an ice-cream."

→ He said (that) she had been eating an ice-cream.

ÄNDERUNG DER ZEITFORM (*BACKSHIFT*)

Steht der Einleitungssatz im *Simple Past* (z. B. *He said*), muss die Zeitform um eine Stufe zurückgesetzt werden (siehe Tabelle). Das nennt man im Englischen *backshift*.

Beispiel: He said, "I work every day." → He said that he worked every day.

He said, "I saw her." → He said (that) he had seen her.

Wörtliche Rede	Indirekte Rede
Simple Present	Simple Past
Present Progressive	Past Progressive
Simple Past	Past Perfect Simple
Present Perfect Simple	
Past Perfect Simple	
Past Progressive	Past Perfect Progressive
Present Perfect Progressive	
Past Perfect Progressive	
Future I (going to)	was/were going to
Future I (will)	Conditional I (would)
Conditional I (would)	

Die Verben *could, might, must, needn't, ought to, should, used to, would* ändern sich normalerweise nicht.

Beispiel:

He said, "I could have asked her for an autograph."

→ He said (that) he could have asked her for an autograph.

KEINE ÄNDERUNG DER ZEITFORM

Wenn der Einleitungssatz aber im *Simple Present* steht (z. B. *He says*), bleibt die Zeitform der Aussage unverändert. Der Einleitungssatz drückt ja aus, dass die Aussage sofort wiederholt wird (und nicht zu einem späteren Zeitpunkt).

Beispiel: He says, "I <u>saw</u> a TV presenter."
→ He says (that) he <u>saw</u> a TV presenter.

In manchen Fällen müssen wir aber die Verbform ändern.

Beispiel: He says, "I <u>work</u> every day."
→ He says (that) he <u>works</u> every day.

He says, "She was sitting where you <u>are sitting</u>."
→ He says (that) she was sitting where I <u>am sitting</u>.

FRAGESÄTZE

Beim Umwandeln von Fragesätzen müssen wir folgende Punkte beachten:

» Wie im Aussagesatz müssen wir die Pronomen, Orts- und Zeitangaben ändern und die Zeitform zurücksetzen (*backshift*).
» Anstelle von *that* steht das Fragewort. Gibt es kein Fragewort, nehmen wir *whether/if*.
» In der indirekten Rede verwenden wir eine indirekte Frage. Das heißt: Nach dem Fragewort bzw. nach *whether/if* schreiben wir einen Aussagesatz (*Subjekt – Verb* usw.).
» Das Hilfsverb *do* aus der wörtlichen Rede entfällt.

Typ		Beispiel
mit Fragewort	wörtliche Rede	"What do you think of that TV presenter?"
	indirekte Rede	He asked me what I thought of that TV presenter.
ohne Fragewort	wörtliche Rede	"Do you like her?"
	indirekte Rede	He asked me whether/if I liked her.

Aufforderungen/Bitten

Beim Umwandeln von Aufforderungen und Bitten brauchen wir nur die Pronomen sowie die Orts- und Zeitangaben anpassen. Die Zeitformen müssen wir bei Aufforderungen und Bitten nicht beachten – wir verwenden einfach *to* + Grundform des Verbs.

Beispiel: He said, "<u>Watch</u> the TV presenter's show <u>tonight</u>."
He told me <u>to watch</u> the TV presenter's show <u>that evening</u>.

Handelt es sich um eine negative Aufforderung, verwenden wir in der indirekten Rede *not to* + Grundform des Verbs.

Beispiel: He said, "<u>Do not watch</u> the TV presenter's show <u>tonight</u>."
He told me <u>not to watch</u> the TV presenter's show <u>that evening</u>.

Typische Änderungen von Ort/Zeit

Wörtliche Rede	Indirekte Rede
today	that day
now	then, at that moment, at that time
yesterday	the day before
… days ago	… days before
last week	the week before
next year	the following year
tomorrow	the next day, the following day
here	there
this	that
these	those

Beachte

Say und *tell* sind nicht beliebig austauschbar.

say = etwas sagen

tell = <u>jemandem</u> etwas sagen

Beispiel: He said (that) he had seen a TV presenter.
He told <u>me</u> (that) he had seen a TV presenter.

PARTIZIPIALSÄTZE

Partizipialsätze sind mit einem Partizip gekürzte Nebensätze. Wir verwenden sie vor allem im schriftlichen Englisch, wenn wir viele Informationen in einem Satz unterbringen und die Wortstellung ein wenig variieren wollen.

✎ **BEISPIEL**

<u>Having washed her hair</u>, Susan reached for the hair-dryer and scissors.

<u>Holding the hair-dryer in her left hand</u>, Susan cut her hair with the scissors in her right hand.

<u>Blown to the right by the hair-dryer</u>, her hair could easily be cut. <u>Having been cut</u>, her hair looked strange. Have you ever seen anyone <u>cutting their hair this way</u>?

VERWENDUNG

» Mit dem *Present Participle* (*ing*-Form) drücken wir aus, dass beide Handlungen zur gleichen Zeit stattfinden.

Beispiel: <u>Holding the hair-dryer in her left hand,</u> Susan cut her hair with the scissors in her right hand.

✎ *Langform:* Susan was holding the hair-dryer in her left hand and cut her hair with the scissors in her right hand.

» Mit dem *Past Participle* kürzen wir einen Passivsatz.

Beispiel: <u>Blown to the right by the hair-dryer,</u> her hair could easily be cut.

✎ *Langform:* Her hair was blown to the right by the hair-dryer and could easily be cut.

» Mit dem *Perfect Participle* drücken wir aus, dass die Handlung (Aktiv oder Passiv) im Partizipialsatz vor der Handlung im Hauptsatz stattfand.

Aktiv: *having + Past Participle*
<u>Having washed her hair,</u> Susan reached for the scissors.

✎ *Langform:* After Susan had washed her hair, she reached for the scissors.

Passiv: *having been + Past Participle*
<u>Having been cut,</u> her hair looked strange.

✎ *Langform:* After her hair had been cut, it looked strange.

BILDUNG

» Im Partizipialsatz gibt es kein Subjekt. Das Subjekt im Hauptsatz ist gleichzeitig auch das Subjekt für den Partizipialsatz.

> *Beispiel:* Having washed her hair, <u>Susan</u> reached for the scissors.

» Das Vollverb wird in ein Partizip umgewandelt. Wir müssen dabei beachten, ob die Handlung im Partizipialsatz gleichzeitig oder vor der Handlung im Hauptsatz stattfindet und ob es sich um Aktiv oder Passiv handelt.

		Partizip-Form	Beispiel
Gleichzeitigkeit	Aktiv	Present Participle (*ing*-Form)	<u>Holding</u> the hair-dryer in her left hand, she cut her hair.
	Passiv	Past Participle (3. Verbform)	<u>Blown</u> by the hair-dryer, her hair could easily be cut.
Vorzeitigkeit	Aktiv	Perfect Participle (*having* + 3. Verbform)	<u>Having washed</u> her hair, she cut it.
	Passiv	Perfect Participle (*having been* + 3. Verbform)	<u>Having been cut,</u> her hair looked strange.

» Die Konjunktionen *as, because, since* und die Relativpronomen *who, which* entfallen im Partizipialsatz.

> *Beispiel:* <u>As</u> the hair was blown to the right by the hair-dryer, …
> → <u>Blown</u> to the right by the hair-dryer, …
>
> Her hair, <u>which</u> has been cut, looks strange now.
> → Her hair, having been cut, looks strange now.

» Die Konjunktionen *before, when* werden auch im Partizipialsatz verwendet.

> *Beispiel:* <u>Before</u> she cut her hair, she washed it.
> → <u>Before</u> cutting her hair, she washed it.

» Die Konjunktionen *after, while* können wir verwenden oder weglassen.

> *Beispiel:* <u>After</u> she had washed her hair, she cut it.
> → <u>(After)</u> having washed her hair, she cut it.

(zur Bildung der Partizipien siehe Kapitel Partizipien, Seite 62)

PARTIZIPIALSÄTZE MIT ABWEICHENDEM SUBJEKT

In einigen Ausnahmen kann der Partizipialsatz ein Subjekt haben, das sich vom Subjekt im Hauptsatz unterscheidet. Dies ist der Fall, wenn im Hauptsatz eines der folgenden Verben + Objekt steht:

feel, find, hear, listen to, notice, see smell, watch

Der Partizipialsatz muss in diesem Fall direkt hinter dem Objekt stehen, auf das er sich bezieht.

Beispiel: Have you ever seen *anyone* <u>cutting their hair this way</u>?

✎ *Langform*: Have you ever seen anyone who would cut their hair this way?

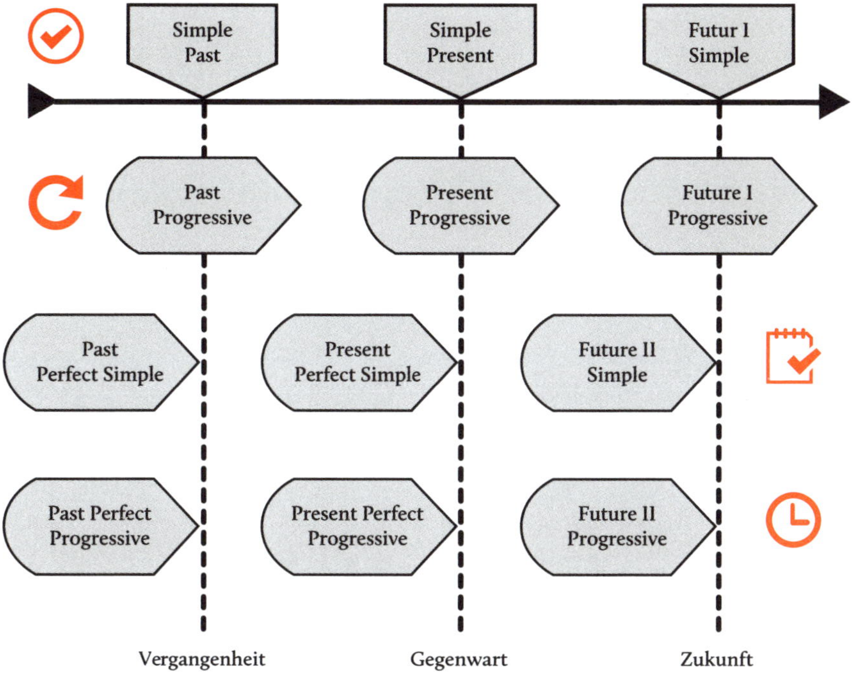

	Vergangenheit	Gegenwart	Zukunft
Zeitpunkt	Simple Past	Simple Present	Futur I Simple
Zeitraum	Past Progressive	Present Progressive	Future I Progressive
Ergebnis	Past Perfect Simple	Present Perfect Simple	Future II Simple
Dauer	Past Perfect Progressive	Present Perfect Progressive	Future II Progressive

LEGENDE

ZEITPUNKT

» einmalige, wiederholte Handlung
» aufeinanderfolgende Handlungen
» plötzlich eintretende Handlung

ZEITRAUM

» zu einer bestimmten Zeit im Ablauf befindliche Handlung
» gleichzeitig stattfindende Handlungen

ERGEBNIS

» vor bzw. bis zu einem bestimmten Zeitpunkt stattfindende Handlung
» das Ergebnis der Handlung steht im Vordergrund

DAUER

» vor bzw. bis zu einem bestimmten Zeitpunkt stattfindende Handlung
» die Dauer bzw. der Ablauf der Handlung steht im Vordergrund

ZEITFORMEN

Zeitform	Positiv/Negativ/Frage	Anwendung	Signalwörter
Simple Present Präsens	**P:** He speaks. **N:** He does not speak. **F:** Does he speak?	• einmalige/wiederholte Handlung in Gegenwart • allgemeine Gültigkeit • aufeinanderfolgende Handlungen • festgelegte Handlungen in der Zukunft (Fahrplan)	always, every …, never, normally, often, seldom, sometimes, usually *If*-Satz Typ I (If I talk, …)
Present Progressive Verlaufsform des Präsens	**P:** He is speaking. **N:** He is not speaking. **F:** Is he speaking?	• im Ablauf befindliche Handlung • auf bestimmten Zeitraum begrenzte Handlung • bereits abgesprochene Handlung in der Zukunft	at the moment, just, just now, Listen!, Look!, now, right now
Simple Past Präteritum	**P:** He spoke. **N:** He did not speak. **F:** Did he speak?	• einmalige/wiederholte Handlung in Vergangenheit • aufeinanderfolgende Handlungen in Vergangenheit • neu eintretende Handlung, die eine im Ablauf befindliche Handlung unterbricht	yesterday, two minutes ago, in 1990, the other day, last Friday *If*-Satz Typ II (If I talked, …)
Past Progressive Verlaufsform des Präteritums	**P:** He was speaking. **N:** He was not speaking. **F:** Was he speaking?	• in Vergangenheit im Ablauf befindliche Handlung • gleichzeitig ablaufende Handlungen • im Ablauf befindliche Handlung, die durch eine neue Handlung unterbrochen wird	when, while, as long as

Zeitform	Positiv/Negativ/Frage	Anwendung	Signalwörter
Present Perfect Simple Perfekt	**P:** He has spoken. **N:** He has not spoken. **F:** Has he spoken?	• das Ergebnis wird betont • bis in Gegenwart dauernde Handlung • eben abgeschlossene Handlung • abgeschl. Handlung mit Einfluss auf die Gegenwart • bis zum Zeitpunkt des Sprechens nie, einmal oder mehrmals stattgefundene Handlung	already, ever, just, never, not yet, so far, till now, up to now
Present Perfect Progressive Verlaufsform des Perfekts	**P:** He has been speaking. **N:** He has not been speaking. **F:** Has he been speaking?	• die Handlung wird betont (nicht das Ergebnis) • bis in die Gegenwart andauernde Handlung • abgeschlossene Handlung, die Einfluss auf die Gegenwart hat	all day, for four years, since 1993, how long?, the whole week
Past Perfect Simple Plusquamperfekt	**P:** He had spoken. **N:** He had not spoken. **F:** Had he spoken?	• Handlung vor einem Zeitpunkt der Vergangenheit • manchmal mit *Past Perfect Progr.* austauschbar • betont nur die Tatsache, dass etwas vor einem Zeitpunkt in der Vergangenheit stattfand	already, just, never, not yet, once, until that day *If*-Satz Typ III (If I had talked, …)
Past Perfect Progressive Verlaufsform des Plusquamperfekts	**P:** He had been speaking. **N:** He had not been speaking. **F:** Had he been speaking?	• Handlung vor einem Zeitpunkt der Vergangenheit • manchmal mit *Past Perfect Simple* austauschbar • betont die Handlung bzw. Dauer der Handlung	for, since, the whole day, all day

143

Zeitform	Positiv/Negativ/Frage	Anwendung	Signalwörter
Future I Simple (will) Futur I	**P:** He will speak. **N:** He will not speak. **F:** Will he speak?	• nicht beeinflussbares Geschehen in der Zukunft • spontaner Entschluss • Vermutungen hinsichtlich der Zukunft	in a year, next …, tomorrow *If*-Satz Typ 1 (If you ask her, she will help you.) Vermutung: I think, probably, perhaps
Future I Simple (going to)	**P:** He is going to speak. **N:** He is not going to speak. **F:** Is he going to speak?	• bereits bestehende Absicht hinsichtlich der Zukunft • logische Schlussfolgerung hinsichtlich der Zukunft	in one year, next week, tomorrow
Future I Progressive Verlaufsform des Futurs	**P:** He will be speaking. **N:** He will not be speaking. **F:** Will he be speaking?	• zu einem zukünftigen Zeitpunkt im Ablauf befindliche Handlungen • sichere oder selbstverständliche Handlungen	in one year, next week, tomorrow
Future II Simple Futur II	**P:** He will have spoken. **N:** He will not have spoken. **F:** Will he have spoken?	• Handlung, die zu einem zukünftigen Zeitpunkt abgeschlossen sein wird	by Monday, in a week
Future II Progressive Verlaufsform des Futurs II	**P:** He will have been speaking. **N:** He will not have been speaking. **F:** Will he have been speaking?	• Handlung, die zu einem zukünftigen Zeitpunkt abgeschlossen sein wird • betont die Dauer der Handlung	for …, the last couple of hours, all day long

Zeitform	Positiv/Negativ/Frage	Anwendung	Signalwörter
Conditional I Simple Konjunktiv II (Gegenwart)	**P:** He would speak. **N:** He would not speak. **F:** Would he speak?	• Handlung, die möglicherweise eintreten könnte	*If*-Satz Typ II (If I were you, I would go home.)
Conditional I Progressive Verlaufsform Konjunktiv II (Gegenwart)	**P:** He would be speaking. **N:** He would not be speaking. **F:** Would he be speaking?	• Handlung, die möglicherweise eintreten könnte • betont die Handlung bzw. Dauer der Handlung	
Conditional II Simple Konjunktiv II (Vergangenheit)	**P:** He would have spoken. **N:** He would not have spoken. **F:** Would he have spoken?	• Handlung, die möglicherweise in der Vergangenheit eingetreten wäre	*If*-Satz Typ III (If I had seen that, I would have helped.)
Conditional II Progressive Verlaufsform Konjunktiv II (Vergangenheit)	**P:** He would have been speaking. **N:** He would not have been speaking. **F:** Would he have been speaking?	• Handlung, die möglicherweise in der Vergangenheit eingetreten wäre • betont die Handlung bzw. Dauer der Handlung	

UNREGELMÄSSIGE VERBEN

Grundform	Simple Past	Participle	Übersetzung
alight	alighted, alit	alighted, alit	aus-/absteigen, anbrennen
arise	arose	arisen	hervorgehen, sich ergeben (aus)
awake	awoke, awaked	awoken, awaked	erwachen
be	was, were	been	sein
bear	bore	borne, born	tragen, ertragen
beat	beat	beaten, beat	schlagen
become	became	become	werden
beget	begot	begotten	zeugen, erzeugen
begin	began	begun	beginnen
bend	bent	bent	biegen, krümmen
bereave	bereaved, bereft	bereaved, bereft	rauben, berauben
beseech	besought, beseeched	besought, beseeched	anflehen, erflehen
bet	bet, betted	bet, betted	wetten
bid	bade, bid	bidden, bid, bade	bieten (bei Auktion)
bide	bade, bided	bided	abwarten, abpassen
bind	bound	bound	binden, verpflichten
bite	bit	bitten	beißen
bleed	bled	bled	bluten
bless	blessed, blest	blessed, blest	segnen
blow	blew	blown	blasen, wehen
break	broke	broken	brechen
breed	bred	bred	züchten
bring	brought	brought	herbringen
broadcast	broadcast, broadcasted	broadcast, broadcasted	senden, ausstrahlen, übertragen (im Rundfunk/Fernsehen)
build	built	built	bauen
burn	burnt, burned	burnt, burned	brennen

Grundform	Simple Past	Participle	Übersetzung
burst	burst	burst	platzen
bust	bust, busted	bust, busted	Pleite machen
buy	bought	bought	kaufen
can	could	(kein Participle)	können
cast	cast	cast	besetzen (eine Rolle), werfen
catch	caught	caught	fangen, erwischen
choose	chose	chosen	wählen
cleave	cleft, cleaved, clove	cleft, cleaved, cloven	spalten
cling	clung	clung	kleben, haften
clothe	clothed, clad	clothed, clad	einkleiden, umhüllen
come	came	come	kommen
cost	cost	cost	kosten (Preis)
creep	crept	crept	kriechen, schleichen
crow	crowed	crew, crowed	krähen, jubeln, prahlen
cut	cut	cut	schneiden
deal	dealt	dealt	(be)handeln, sich beschäftigen
dig	dug	dug	graben, umgraben
do	did	done	tun
draw	drew	drawn	zeichnen
dream	dreamt, dreamed	dreamt, dreamed	träumen
drink	drank	drunk	trinken
drive	drove	driven	fahren
dwell	dwelt, dwelled	dwelt, dwelled	weilen, verweilen, leben
eat	ate	eaten	essen
fall	fell	fallen	fallen
feed	fed	fed	füttern
feel	felt	felt	fühlen
fight	fought	fought	kämpfen

Grundform	Simple Past	Participle	Übersetzung
find	found	found	finden
flee	fled	fled	fliehen
fling	flung	flung	werfen, schleudern
fly	flew	flown	fliegen
forbid	forbad, forbade	forbid, forbidden	untersagen, verbieten
forecast	forecast, forecasted	forecast, forecasted	vorhersagen
forget	forgot	forgotten	vergessen
forsake	forsook	forsaken	aufgeben, im Stich lassen
freeze	froze	frozen	gefrieren, einfrieren
geld	gelded, gelt	gelded, gelt	kastrieren (bes. Pferd)
get	got	got, gotten	bekommen
gild	gilded, gilt	gilded, gilt	vergolden, beschönigen
give	gave	given	geben
gnaw	gnawed	gnawed, gnawn	nagen
go	went	gone	gehen
grind	ground	ground	zermahlen, zerkleinern, pauken
grip	gripped, gript	gripped, gript	ergreifen, packen
grow	grew	grown	wachsen
hang	hung	hung	hängen
have	had	had	haben
hear	heard	heard	hören
heave	heaved, hove	heaved, hove	stemmen, hieven, werfen
hew	hewed	hewed, hewn	hauen, hacken
hide	hid	hidden, hid	verstecken
hit	hit	hit	schlagen, hauen
hold	held	held	halten
hurt	hurt	hurt	verletzen
keep	kept	kept	behalten, weiter machen

Grundform	Simple Past	Participle	Übersetzung
kneel	knelt, kneeled	knelt, kneeled	knien
knit	knitted, knit	knitted, knit	stricken
know	knew	known	kennen, wissen
lay	laid	laid	legen
lead	led	led	anführen
lean	leant, leaned	leant, leaned	lehnen
leap	leapt, leaped	leapt, leaped	springen
learn	learnt, learned	learnt, learned	lernen
leave	left	left	verlassen
lend	lent	lent	verleihen
let	let	let	lassen
lie	lay	lain	liegen
light	lit, lighted	lit, lighted	anzünden, erleuchten
lose	lost	lost	verlieren
make	made	made	machen, herstellen
may	might	(kein Participle)	können, könnte
mean	meant	meant	bedeuten, meinen
meet	met	met	kennen lernen, treffen
melt	melted	molten, melted	schmelzen
mow	mowed	mown, mowed	mähen
pay	paid	paid	bezahlen
pen	pent, penned	pent, penned	niederschreiben
plead	pled, pleaded	pled, pleaded	bitten, geltend machen
prove	proved	proven, proved	beweisen
put	put	put	legen, stellen, setzen
quit	quit, quitted	quit, quitted	beenden, aufhören, kündigen
read	read	read	lesen
rid	rid, ridded	rid, ridded	befreien
ride	rode	ridden	reiten, fahren (Rad)
ring	rang	rung	klingeln

Grundform	Simple Past	Participle	Übersetzung
rise	rose	risen	erheben, aufgehen (Sonne)
run	ran	run	laufen
saw	sawed	sawn, sawed	sägen
say	said	said	sagen
see	saw	seen	sehen
seek	sought	sought	suchen
sell	sold	sold	verkaufen
send	sent	sent	senden, schicken
set	set	set	setzen, einstellen
sew	sewed	sewn, sewed	nähen
shake	shook	shaken	schütteln
shall	should	(kein Participle)	werden, sollen
shear	sheared	shorn, sheared	scheren
shed	shed	shed	vergießen (Träne), verlieren (Blätter), ablegen (Gewohnheit)
shine	shone	shone	scheinen (Sonne)
shit	shit, shitted, shat	shit, shitted, shat	scheißen
shoe	shod, shoed	shod, shoed	beschlagen (Pferd)
shoot	shot	shot	schießen, drehen (Film)
show	showed	shown, showed	zeigen
shred	shred, shredded	shred, shredded	zerfetzen, schreddern
shrink	shrank, shrunk	shrunk	einlaufen, eingehen, schrumpfen
shut	shut	shut	schließen
sing	sang	sung	singen
sink	sank	sunk	sinken
sit	sat	sat	sitzen
slay	slew	slain	ermorden, umbringen
sleep	slept	slept	schlafen
slide	slid	slid	rutschen, gleiten

Grundform	Simple Past	Participle	Übersetzung
sling	slung	slung	schleudern, aufhängen
slink	slunk	slunk	sich schleichen
slit	slit	slit	schlitzen, aufschlitzen
smell	smelt, smelled	smelt, smelled	riechen
smite	smote	smitten	packen
sow	sowed	sown, sowed	besäen
speak	spoke	spoken	sprechen
speed	sped, speeded	sped, speeded	rasen
spell	spelt, spelled	spelt, spelled	buchstabieren, schreiben
spend	spent	spent	verbringen, ausgeben
spill	spilt, spilled	spilt, spilled	verschütten
spin	spun	spun	spinnen
spit	spat	spat	spucken
split	split	split	zerspalten, zerreißen
spoil	spoilt, spoiled	spoilt, spoiled	verwöhnen, verderben
spread	spread	spread	verbreiten, ausbreiten
spring	sprang, sprung	sprung	springen
stand	stood	stood	stehen
steal	stole	stolen	stehlen
stick	stuck	stuck	kleben
sting	stung	stung	stechen
stink	stank, stunk	stunk	stinken
stride	strode	stridden	schreiten
strike	struck	struck	streiken, schlagen
string	strung	strung	auffädeln, aufreihen, bespannen
strive	strove	striven	sich bemühen, kämpfen, streben
swear	swore	sworn	schwören, fluchen
sweat	sweat, sweated	sweat, sweated	schwitzen

Grundform	Simple Past	Participle	Übersetzung
sweep	swept	swept	kehren
swell	swelled	swollen, swelled	anschwellen, anwachsen
swim	swam	swum	schwimmen
swing	swung	swung	schwingen, swingen
take	took	taken	nehmen
teach	taught	taught	lehren, unterrichten
tear	tore	torn	zerreißen
telecast	telecast, telecasted	telecast, telecasted	übertragen (Fernsehen)
tell	told	told	erzählen
think	thought	thought	denken
throw	threw	thrown	werfen
thrust	thrust	thrust	stoßen, stechen
tread	trod	trodden	treten
understand	understood	understood	verstehen
wake	woke, waked	woken, waked	wecken, aufwecken
wear	wore	worn	tragen (Kleidung)
weave	wove	woven	weben
wed	wed, wedded	wed, wedded	heiraten
weep	wept	wept	weinen
wet	wet, wetted	wet, wetted	nass machen, befeuchten
win	won	won	gewinnen
wind	wound	wound	wickeln, aufziehen, kurbeln
wring	wrung	wrung	auswringen, ringen (Hände)
write	wrote	written	schreiben

PRONOMEN ÜBERSICHT

| Personalpronomen | | Possessivpronomen | | Reflexiv-pronomen |
Subjektform	Objektform	attributiv	substantivisch	
I	me	my	mine	myself
you	you	your	yours	yourself
he	him	his	his	himself
she	her	her	hers	herself
it	it	its	its	itself
we	us	our	ours	ourselves
you	you	your	yours	yourselves
they	them	their	theirs	themselves

GLOSSAR

Adjektiv *adjective (Eigenschaftswort, Wiewort);* weist einem Nomen eine Eigenschaft zu

young, old, good, quick

typische Frage: Wie ist jemand/etwas?

Adverb *(Umstandswort);* beschreibt ein Verb, Adjektiv oder anderes Adverb bzw. macht nähere Angaben zu Ort, Zeit, Grund, Art und Weise

quickly, loudly, well
here, yesterday, unfortu-
nately, very

typische Frage: Wie wird etwas gemacht? *bzw.* Wo/Wann/Warum/Wie?

Aktiv *active, active voice (Aktivsatz);* Satz, in dem das Subjekt selbst *aktiv* tätig ist

A bricklayer builds houses.

vergleiche: Passiv

Artikel *article (Geschlechtswort, Begleiter);* wird dem Nomen vorangestellt, es gibt einen bestimmten Artikel *(the)* und einen unbestimmten Artikel *(a/an)*

the table
a flower/an apple

Backshift Zurücksetzen der Zeitform in der indirekten Rede, wenn der Einleitungssatz im *Simple Past* steht *(He said ...)*

He said, "I speak English."
He said that he spoke
English.

Bedingungssatz → *If-Satz*

Befehlsform → *Imperativ*

Bestimmter Artikel *definite article (Geschlechtswort);* Artikel, der sich auf ein bestimmtes Nomen bezieht

the

siehe auch: Artikel

Collective Noun *(Kollektivname);* Sammelbezeichnung für die Mitglieder einer Gruppe; das Verb wird danach meist im Plural verwendet

class, family, group

Conditional I *(Konditional, Möglichkeitsform);* englische Zeitform, die eine Möglichkeit ausdrückt; im Deutschen verwenden wir hier Konjunktiv (oder *würde*).

I would go home.

Conditional II *(Vergangenheitsform Konditional)*; englische Zeitform, die eine Möglichkeit in der Vergangenheit ausdrückt; im Deutschen verwenden wir hier Konjunktiv II für vergangene Handlungen

I <u>would have gone</u> home.

Conditional sentence → *If-Satz*

Countable Noun *(zählbares Nomen)*; Nomen, das man im Singular und Plural verwenden kann

apple (apples)

Contact Clause notwendiger Relativsatz, der ein Objekt ersetzt und ohne Relativpronomen verwendet wird

This is the computer I bought last week.

Demonstrativpronomen *demonstrative determiner;* weist betonend auf etwas (normalerweise) zuvor Genanntes hin

this, that, these, those

Direkte Rede *direct speech (wörtliche Rede);* Wiedergabe einer Aussage im originalen Wortlaut, immer in Anführungszeichen

vergleiche: Indirekte Rede

He said, "<u>I went there yesterday.</u>"

Direktes Objekt *direct object (Akkusativobjekt);* in Sätzen mit mehreren Objekten ist das direkte Objekt normalerweise das, womit die Handlung ausgeführt wird

typische Frage: Wen/Was?
vergleiche: Indirektes Objekt

I gave the boy <u>an apple</u>.
I gave <u>an apple</u> to the boy.

Einzahl → *Singular*

Entscheidungsfrage Frage ohne Fragewort, kann mit Ja/Nein beantwortet werden

Do you speak English?

Ergänzungsfrage → Frage mit Fragewort

Where do you live?

Finites Verb gebeugte Form des Verbs, konjugierte Verbform

speaks, spoke, spoken, am speaking

Future I Progressive *future I continuous (Verlaufsform der Zukunft);* drückt aus, dass eine Handlung zu einem bestimmten Zeitpunkt in der Zukunft gerade ablaufen wird

Tomorrow at 9 o'clock I <u>will be watching</u> TV.

Future I Simple *(Zukunft, Futur I);* englische Zeitform für die Zukunft, wird mit *will* oder *going to* gebildet

I will do that.
I am going to do that.

Future II Progressive *future II continuous;* englische Zeitform, drückt aus, wie lange eine Handlung bis zu einem bestimmten Zeitpunkt in der Zukunft schon andauert

In five minutes we will have been walking for four hours without a break.

Future II Simple *(Vergangenheitsform der Zukunft, Futur II);* englische Zeitform, drückt aus, dass eine Handlung bis zu einem bestimmten Zeitpunkt in der Zukunft beendet sein wird bzw. beschreibt eine Vermutung, was passiert ist

He will have done it (by then).

Genitiv *possessive case (2. Fall, Wessen-Fall);* zeigt Zugehörigkeit an, wird im Englischen mit *'s* oder mit *of* gebildet
typische Frage: Wessen?

the boy's bike
the handlebars of the bike

Gerundium *gerund (ing-Form);* Form des Verbs, die in bestimmten Situationen verwendet wird, z. B. als Subjekt oder in Verbindung mit bestimmten Präpositionen, Adjektiven, Nomen bzw. Verben

Cycling is good for you.
He is good at making friends.

Grundform → *Infinitiv*

Hauptsatz *main clause;* Satz, der die Hauptaussage trägt und alleine stehen kann
vergleiche: Nebensatz

I am happy because I am on holiday.

Hilfsverb *auxiliary verb;* die Verben *be, have, do* und *will*, wenn sie zur Bildung von Verneinung/einer Frage bzw. einer zusammengesetzten Zeitform verwendet werden
siehe auch: Vollverb

I am working./I have worked./I will work.
I do not work./Do you work?

If-Satz   *conditional clause (Bedingungssatz, Konditionalsatz, Wenn-Satz);* mit *if* eingeleiteter Satz, der eine Bedingung ausdrückt

<u>If it rains,</u> we will stay at home.

Imperativ   *imperative (Befehlsform);* Aufforderung, etwas zu tun

Stop! Go! Leave me alone!

Impersonal Passiv   *(unpersönliches Passiv);* Passivsatz mit einer unpersönlichen Form

It is said that he is mean./ He is said to be mean.

Indefinitpronomen   *indefinite pronoun (unbestimmtes Fürwort);* Pronomen zur Verallgemeinerung von Sachverhalten

something/anything/ nothing/everything someone/anyone/no one/ everyone

Indirekte Frage   *indirect question;* Frage, die in einem Aussagesatz eingebettet ist

I don't know <u>where the station is.</u>

Indirekte Rede   *reported speech, indirect speech;* sinngemäße Wiedergabe einer Aussage (nicht im originalen Wortlaut), gelegentlich müssen Ort- und Zeitangaben geändert werden

vergleiche: Direkte Rede

He said <u>(that) he had been there the day before.</u>

Indirektes Objekt   *indirect object (Dativobjekt);* in Sätzen mit mehreren Objekten normalerweise eine Person, für welche die Handlung bestimmt ist

typische Frage: Wem/Was?
vergleiche: direktes Objekt

I gave <u>the boy</u> an apple. I gave an apple <u>to the boy</u>.

Infinitiv   *infinitive;* Grundform des Verbs

to go, to sleep, to be

Komparativ   *comparative (Mehrstufe, Höherstufe);* Form von Adjektiven, wird bei *Vergleiche*n mit *than* verwendet.

vergleiche: Steigerungsform, Superlativ

He is <u>taller</u> than his sister. She is <u>more polite</u> than her brother.

Konditionalsatz   → *If-Satz*

Konjunktion   *conjunction (Verbindungswort);* verbindet zwei Hauptsätze miteinander

vergleiche: Subjunktion

and, but, or

Konjunktiv   deutsche Verbform, wird in Konditionalsätzen und bei der indirekten Rede verwendet, im Englischen steht je nach Situation *Conditional* oder *Subjunctive*

siehe: Conditional, Subjunctive

Wenn ich du <u>wäre,</u> <u>stünde</u> ich früher auf.
If I *were* you, I *would get up* earlier.

Konsonant   *consonant (Mitlaut)*

vergleiche: Vokal

b, c, d, f, g, h, j, k, l, m, n, p, q, r, s, t, v, w, x, y, z

Mehrzahl   →   *Plural*

Mitlaut   →   *Konsonant*

Modalverb   *modal auxiliary;* Verb, das den Inhalt eines anderen Verbs beeinflusst und zum Beispiel Fähigkeit, Wunsch oder Zwang ausdrückt

I <u>can</u> swim.
He <u>must</u> go.
We <u>should</u> do that.

Nebensatz   *dependant clause (untergeordneter Satz);* Teilsatz, der durch eine Subjunktion einge-leitet wird

vergleiche: Hauptsatz

I am happy <u>because I am on holiday.</u>

Nomen   *noun (Substantiv, Dingwort, Haupt-wort);* oft mit Artikel versehenes Wort zur Bezeichnung von Dingen und Lebewesen

house, moon, air, people, idea

Numerus   *(Zahl);* Überbegriff zu Singular/Plu-ral (Einzahl/Mehrzahl)

boy – boys

Objekt   *object (Satzergänzung);* Nomen (oft inklusive Artikel und Adjektiv) oder Pronomen, das nicht Subjekt des Satzes ist, sondern mit dem die Handlung ausgeführt wird bzw. für das die Handlung bestimmt ist

vergleiche: Subjekt

I gave <u>the boy</u> a <u>big apple.</u>

Objektpronomen   *object pronoun (Fürwort);* ersetzt das Objekt im Satz

me, you, him, her, it, us, you, them

Partizip I   →   *Present Participle*

Partizip II → *Past Participle*

Partizipialsatz *participle clause;* gekürzter Nebensatz, bei dem die Zeitform durch ein Partizip ersetzt wird

Running down the stairs, Cinderella lost her shoe.

Passiv *passive voice (Leideform, Passivsatz);* das Subjekt ist nicht selbst aktiv tätig, sondern nimmt passiv eine Handlung hin
vergleiche: Aktiv

The letter is written.

Past Participle *(Partizip Perfekt, Partizip II); ed-*Form des Verbs bzw. 3. Verbform in der Liste der unregelmäßigen Verben, wird zur Bildung einiger zusammengesetzter Zeiten und Adjektive genutzt, dient auch zur Kürzung von Nebensätzen

I would have gone out with my friends last night. But asked to stand in for a colleague, I had been to a conference and was very tired in the evening.

Past Perfect Progressive *past perfect continuous;* drückt aus, wie lange eine Handlung bis zu einem bestimmten Zeitpunkt in der Vergangenheit andauerte

They had been working for 10 hours, so they were exhausted.

Past Perfect Simple *(Plusquamperfekt, Vorvergangenheit);* Zeitform für Handlungen, die vor einem bestimmten Zeitpunkt in der Vergangenheit stattfanden

I hadn't known him before 2010.

Past Progressive *past continuous (Verlaufsform der Vergangenheit);* drückt aus, dass eine Handlung zu einem bestimmten Zeitpunkt in der Vergangenheit gerade ablief

Yesterday at 9 'clock I was watching TV.

Perfect Participle Partizipform zur Kürzung von Nebensätzen, wird mit *having* + Verb in der 3. Verbform gebildet

Having said that, he left.

Perfekt → *Present Perfect*

Personal Passive *(persönliches Passiv);* Passivsatz, bei dem das indirekte Objekt (Person) aus dem Aktivsatz zum Subjekt wird

He has been given first aid.

Personalpronomen   *personal pronoun (hinweisendes Fürwort);* Pronomen, die ein Nomen (als Subjekt oder Objekt) ersetzen

I, you, he, she, it, we, you, they

me, you, him, her, it, us, you, them

Phrasal Verb   Verb mit einer Präposition, welche die Bedeutung des Verbs verändert, ähnlich wie deutsche trennbare/nicht trennbare Verben

look up, look for, look forward to

Plural   *(Mehrzahl);* Anzahl von mehreren Dingen/Personen etc.

The presents are for us.

Positive Form   *basic form (Positiv, Grundstufe);* Grundform des Adjektivs, wird auch für Vergleiche in Wendungen wie *genauso ... wie* usw. verwendet

a good boy
He is not as tall as you.

Possessivpronomen   *possessive pronoun (besitzanzeigendes Fürwort);* Pronomen zur Bezeichnung von Besitz oder Zugehörigkeit, kann ein Nomen begleiten oder ersetzen

This is my book. It's mine.

Prädikat   *predicate;* Einheit von finitem Verb und zugehörigen infiniten Verben

We have been dancing.

Präposition   *preposition (Verhältniswort);* stellt eine Beziehung zwischen zwei Sachverhalten dar

We have been living in this house for almost five years.

Präsens   →   *Simple Present*

Präteritum   →   *Simple Past*

Present Participle   *present participle (Partizip Präsens);* ing-Form des Verbs, wird zur Bildung der zusammengesetzten Zeiten und einiger Adjektive genutzt, dient auch zur Kürzung von Nebensätzen

Sitting on the sofa, she was reading an interesting book.

Present Perfect   *(abgeschlossene Gegenwart);* abgeschlossene Handlung, die einen Bezug zur Gegenwart hat

I have gone home.

Present Perfect Progressive   *present perfect continuous;* drückt aus, wie lange eine Handlung schon andauert

I have been working since 8 o'clock.

Present Progressive   *Verlaufsform der Gegenwart;* drückt aus, dass eine Handlung im Moment des Sprechens bzw. nur vorübergehend stattfindet

I am watching TV at the moment.

Pronomen   *pronoun (Fürwort);* ersetzt ein bekanntes oder zuvor genanntes Nomen und hilft so, Wiederholungen zu vermeiden

He thinks that she will help us.

Question Tag   Frageanhängsel am Ende des Satzes, zielt darauf ab, eine Bestätigung vom Gesprächspartner zu erhalten

You know each other, don't you?

Reflexivpronomen   *reflexive pronoun (rückbezügliches Fürwort);* Pronomen, das im Englischen ausdrückt, dass jemand etwas selbst/höchstpersönlich macht

She painted the picture herself.

Regelmäßiges Verb   *regular verb;* Verb mit einer regelmäßigen Vergangenheitsform (im Englischen wird *ed* angehängt)
vergleiche: Unregelmäßiges Verb

work – worked – worked

Relativpronomen   *relative pronoun;* Pronomen, das einen Relativsatz einleitet

the boy who speaks English

Relativsatz   *relative clause;* mit einem Relativpronomen eingeleiteter Teilsatz zur Beschreibung des zugehörigen Nomens aus dem vorangestellten Teilsatz

I know the man who was talking to our teacher.

Reported Speech   →   *Indirekte Rede*

Selbstlaut   →   *Vokal*

Short Answer   *(Kurzantwort);* typische Antwortform, wenn man im Englischen höflich, aber nicht im ganzen Satz antworten will

Yes, I am./No, I'm not. Yes, he does./No, he doesn't.

Signalwort   Wort, an dem man erkennen kann, welche Zeitform zu verwenden ist

I bought a new bike yesterday.
I have just tidied up my room.

Silbe   *syllable;* Bestandteil eines Wortes, an dem eine Worttrennung vorgenommen werden kann

po-lite-ly

Simple Past   *(Vergangenheit, Präteritum);* Zeitform für einmalige/wiederholte Handlungen in der Vergangenheit

We went to the cinema yesterday.

Simple Present   *(Gegenwartsform, Präsens);* Zeitform für gewohnheitsmäßige Handlungen in der Gegenwart

They get up early every day.

Singular   *(Einzahl);* eine einzelne Sache
vergleiche: Plural

The present is for me.

Steigerungsform   *comparative form;* Verlgeichsform von Adjektiven
siehe auch: Komparativ, Superlativ

small – smaller –smallest
intelligent – more intelligent – most intelligent

Subjekt   Form des Nomens, führt im Aktivsatz eine Handlung aus, steht im Englischen normalerweise am Satzanfang
vergleiche: Objekt

The boy is reading a book to his sister.

Subjektpronomen   *subject pronoun (Fürwort);* ersetzt das Subjekt

I, you, he, she, it, we, you, they

Subjunctive   Form für bestimmte Wendungen im Englischen

Long live the Queen.
I wish I were rich.

Subjunktion   *subjunction (untergeordnete Konjunktion);* leitet Nebensätze ein, die einen Grund, eine Bedingung, eine Folge/ein Ziel, eine Zeit oder einen Widerspruch ausdrücken

I am hungry because I have not eaten anything yet.

Substantiv   →   *Nomen*

Superlativ   *superlative (Meiststufe, Höchststufe);* Form von Adjektiven, zeigt den höchsten Grad einer Eigenschaft an

He is <u>the smallest</u> boy.
She is <u>the most intelligent</u> girl.

Unbestimmter Artikel   *indefinite article (Geschlechtswort);* Artikel, der sich auf ein nicht näher bestimmtes Nomen bezieht
siehe auch: Artikel, Bestimmter Artikel

<u>a</u> table, <u>an</u> apple

Uncountable Noun   *(nicht zählbares Nomen);* Nomen, das nur im Singular oder Plural verwendet werden kann; man kann keine Zahl davorsetzen

information, milk
clothes, thanks

Unregelmäßiges Verb   *irregular verb;* Verb mit einer unregelmäßigen Vergangenheitsform
vergleiche: Regelmäßiges Verb

go – went – gone
learn, go, speak

Verb   *(Tätigkeitswort, Zeitwort);* Wort, das eine Tätigkeit, einen Vorgang oder einen Zustand ausdrückt, wird konjugiert und in verschiedenen Zeiten verwendet

learn, go, speak

Verlaufsform   *progressive form, continuous form;* Zeitformen, mit denen im Englischen der Ablauf einer Handlung betont wird

I <u>am washing</u> the dishes.

Vokal   *vowel (Selbstlaut);* Buchstabe, der bei der Aussprache ohne einen mitklingenden Laut gesprochen wird
vergleiche: Konsonant

a, e, i, o, u

Vollverb   Verb, das eine Tätigkeit, einen Vorgang oder einen Zustand ausdrückt
vergleiche: Hilfsverb, Modalverb

We have <u>worked</u>.
She is going to <u>leave</u>.
They can <u>go</u> home now.

Vorvergangenheit   →   *Past Perfect Simple*

Zeitform   *tense;* Form des Verbs, die angibt, ob eine Handlung in der Gegenwart, Vergangenheit oder Zukunft stattfindet

He <u>is speaking</u>./
He <u>spoke</u>./
He <u>will speak</u>.

Stichwortverzeichnis